LE GUIDE DU RÉDACTEUR WEB SEO FREELANCE

LES ÉTAPES DE A À Z POUR CRÉER UNE ACTIVITÉ QUI DURE

DANS LA MÊME COLLECTION

M. Giroudon. – **Le guide du développeur freelance**.
N° 0100084, 2021, 204 pages.

SUR LE MÊME THÈME

I. Canivet. – **Bien rédiger pour le web.**
N° 67842, 5e édition, 2021, 730 pages.

M. Wiesel, J. Cohen. – **L'UX design en pratique !**
N° 67884, 2020, 248 pages.

A. Boucher. – **Ergonomie web et UX Design**.
N° 13736, 4e édition, 2020, 452 pages.

E. Demange, A. Martin. – **Réussir sa stratégie de contenu**.
N° 67948, 2e édition, 2020, 408 pages.

M. Chartier, A. Martin. – **Techniques de référencement web**.
N° 67607, 3e édition, 2018, 540 pages.

C. Lallemand, G. Gronier. – **Méthodes de design UX**.
N° 67398, 2e édition, 2018, 712 pages.

I. Canivet, J.-M. Hardy. – **La stratégie de contenu en pratique**.
N° 13510, 2012, 176 pages.

Lucie Rondelet

LE GUIDE DU RÉDACTEUR WEB SEO FREELANCE

LES ÉTAPES DE A À Z POUR **CRÉER** UNE **ACTIVITÉ** QUI **DURE**

Éditions EYROLLES

Éditions Eyrolles
61, bd Saint-Germain
75240 Paris Cedex 05
www.editions-eyrolles.com

Mise en pages : STDI

ISBN : 978-2-416-00272-4

REMERCIEMENTS

Je remercie Stéphanie Soulier, Charlotte Beydon, Doris Hoarau, Audrey Alloux, Anne Beckers et mes élèves, pour leur participation plus ou moins consciente ;-).

Et enfin, merci à tous ceux qui me suivent, de près ou de loin, je vous vois, je vous lis et sachez que tous vos messages sont précieux.

Je vous souhaite une bonne lecture et bien sûr, une bonne rédac' !

Lucie Rondelet
https://formation-redaction-web.com
Je suis aussi sur YouTube
(youtube.com/c/LucieRondelet)

AVANT-PROPOS

Lorsque j'ai découvert la rédaction web en 2012, les algorithmes des moteurs de recherche étaient bien moins exigeants qu'aujourd'hui. Mes premières missions de rédaction consistaient à répondre à des briefings précis et à intégrer des mots-clés, parfois des dizaines de fois, parfois avec des fautes d'orthographe volontaires. L'objectif de mes clients était « d'appeler » les robots sur leurs sites afin qu'ils soient indexés, puis bien positionnés dans les pages de résultats de Google. De mois en mois, j'ai pu voir l'évolution des techniques de rédaction, elles devaient suivre le rythme effréné des mises à jour des algorithmes, des supports de diffusion et de lecture (mode des tablettes, nouveaux smartphones, émergence des réseaux sociaux, etc.). Cet univers m'a fascinée au point de me rendre boulimique d'informations sur le sujet. En 2015, j'ai créé ma première entreprise de création de contenu, ce qui m'a permis de me consacrer entièrement à ce sujet. Copywriting, référencement naturel, analyse d'outils comme la Search Console ou Google Analytics, recherche de stratégie, écoute et accompagnement du client… je me sentais pousser des ailes. Chaque matin, en préparant mon café, je remerciais le destin de m'avoir dirigée dans cette voie.

À la fin de l'année 2016, mon carnet était plein de commandes et mon ventre (presque) plein lui aussi, puisque j'attendais mon deuxième enfant. Il me fallait une solution pour ne pas perdre mes clients durant mon congé maternité. Malgré mes nombreuses recherches sur la Toile, je n'ai pas réussi à trouver de remplaçante. Les rédacteurs professionnels que je contactais ne maîtrisaient pas le SEO, refusaient de préparer des plannings éditoriaux ou n'avaient tout simplement pas le temps de prendre des commandes supplémentaires, étant eux-mêmes submergés de travail. Cette situation m'a interpellée : comment était-il possible que personne ne connaisse ce métier passionnant et que si peu de gens y soient formés ? C'est en allant faire quelques recherches sur le sujet (auprès de mon ami Google) que j'ai compris. Il n'y avait à l'époque pratiquement aucun site qui le traitait. Par ailleurs, personne n'abordait la rédaction web de façon holistique, en prenant en compte la personnalité du client, ses besoins en marketing, ses attentes sur le long terme. Les conseils prodigués jusque-là étaient techniques et ne prenaient pas en compte l'ensemble des dimensions du métier. Or c'est précisément cette multidimensionnalité que je trouvais passionnante ! J'ai donc décidé de créer mon blog : https://formation-redaction-web.com.

Mes articles furent immédiatement reçus avec un grand enthousiasme. Certains lecteurs m'ont demandé de les accompagner dans leur reconversion et cela a débouché sur la création d'une formation en ligne. Depuis, ma petite entreprise s'est transformée en organisme de formation agréé, animé par une équipe pédagogique extrêmement impliquée auprès des élèves. Des centaines d'entreprises ont été créées et nous veillons chaque jour à la pertinence des informations que nous partageons, des mises à jour que nous intégrons dans notre programme. L'écriture d'un ouvrage dédié au rédacteur web freelance semblait couler de source, c'est un projet qui me tenait à cœur puisqu'il permettait de vulgariser certaines notions et de rendre le métier accessible (non pas dans sa maîtrise, mais dans sa compréhension) au plus grand nombre.

Ce livre s'adresse à toutes les personnes qui désirent avoir une vision globale et précise du métier avant de s'engager dans une reconversion. Je leur recommande de lire l'ouvrage en entier et dans l'ordre des chapitres. Il sera également un précieux guide (en tout cas je l'espère !) pour les rédacteurs web SEO professionnels qui désirent s'appuyer sur des bases solides, mais également pour ceux qui souhaitent déléguer la rédaction de contenus. Ceux-là pourront conserver le livre près de leur ordinateur et piocher des informations par-ci, par-là, au gré de leurs besoins.

Écrire pour le Web, c'est jouer avec les mots, chercher des synonymes, se replonger dans les champs lexicaux, découvrir des règles typographiques et s'étonner chaque jour de la richesse de notre belle langue française. C'est se perdre avec délice dans les méandres du Web, à la recherche de sources, que nous voudrons toujours fiables et rafraîchissantes, bien évidemment ! Travailler dans le digital, c'est aussi se mettre au défi, tenter de percer les secrets des algorithmes et s'amuser chaque jour des avancées technologiques.

Être un rédacteur web SEO polyvalent, c'est être un artisan des mots, animé par la passion et l'envie de bien faire. Vous le verrez.

SOMMAIRE

CHAPITRE 1

Petite histoire de la rédaction web

L'histoire de la rédaction web est naturellement liée à celle d'Internet. Des premières lignes de code à aujourd'hui, les sites ont toujours eu besoin de contenu.

Le premier texte fut mis en ligne par Tim Berners-Lee, le créateur du Web, il y présentait son projet, le World Wide Web, en 1989. Le 30 avril 1993, il décida de déposer son logiciel World Wide Web dans le domaine public. La version suivante fut émise en licence libre afin de maximiser sa diffusion. La grande toile n'avait plus qu'à être tissée.

De 1991 à aujourd'hui, la création de contenu dut s'adapter aux différents supports de diffusion.

Petite rétrospective

1991

Le premier site web ressemble à une page Word. Le texte est noir sur fond blanc, la seule fantaisie réside dans la couleur bleue des liens hypertextes.

Le contenu est informatif.

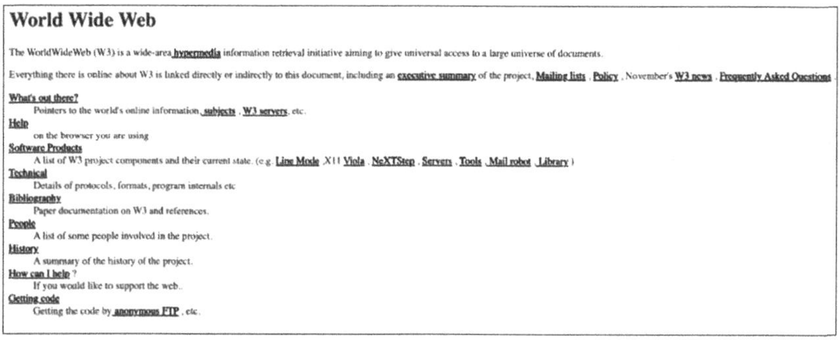
World Wide Web

The WorldWideWeb (W3) is a wide-area hypermedia information retrieval initiative aiming to give universal access to a large universe of documents.

Everything there is online about W3 is linked directly or indirectly to this document, including an executive summary of the project, Mailing lists , Policy , November's W3 news , Frequently Asked Questions .

What's out there?
Pointers to the world's online information, subjects , W3 servers, etc.
Help
on the browser you are using
Software Products
A list of W3 project components and their current state. (e.g. Line Mode ,X11 Viola , NeXTStep , Servers , Tools , Mail robot , Library)
Technical
Details of protocols, formats, program internals etc
Bibliography
Paper documentation on W3 and references.
People
A list of some people involved in the project.
History
A summary of the history of the project.
How can I help ?
If you would like to support the web..
Getting code
Getting the code by anonymous FTP , etc.

Figure 1-1. Capture d'écran du premier site web
(*Source* : © W3C)

1993

Aliweb voit le jour, il s'agit du premier moteur de recherche qui prend en compte les balises `meta descriptions` et les pages. D'autres logiciels ont tenté de répondre aux exigences des internautes plus tôt, mais ont fait faillite ou bien n'ont pas réussi à répertorier suffisamment de sites.

1994

Du milieu à la fin de l'année, le nombre de sites en ligne passe de 2 738 à 10 000. Les contenus sont de plus en plus étoffés, le design est de plus en plus travaillé. Amazon voit le jour.

1996

36 millions de personnes commencent à utiliser Internet dans le monde. Le nombre de sites publiés connaît une évolution spectaculaire : de 25 300 à 257 601 au cours de l'année.

15 septembre 1997

Sergeï Brin et Larry Page créent Google. Les deux étudiants ont pour objectif de diffuser un moteur de recherche qui répond parfaitement aux attentes des internautes. Leur but est de créer un algorithme capable de mettre en avant les sites web répondant le plus fidèlement possible aux questions des utilisateurs.

Le pari est risqué, car d'autres moteurs comme AltaVista, Infoseek ou Lycos existent déjà, mais leurs résultats ne sont pas toujours pertinents.

AltaVista

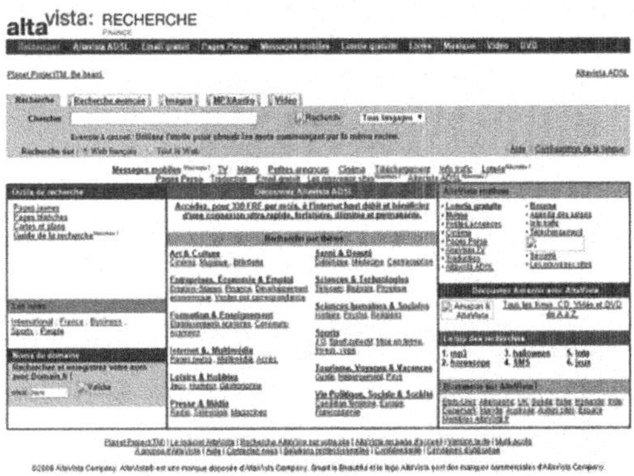

Figure 1-2. Capture d'écran de la page d'accueil de l'un des premiers moteurs de recherche proposés au grand public en France : AltaVista

(*Source* : https://www.definitions-seo.com/definition-de-altavista/)

Lycos

Figure 1-3. Capture d'écran de la page d'accueil de l'un des premiers moteurs de recherche proposés au grand public en France : Lycos (*Source* : https://www.leparisien.fr/high-tech/30-ans-du-web-lycos-caramail-skyblog-ces-sites-un-peu-oublies-qui-ont-marque-l-histoire-du-web-12-03-2019-8030067.php)

À cette époque, les textes publiés sont informatifs, parfois publicitaires. Les premiers blogs ont déjà vu le jour et Internet permet à n'importe qui de devenir créateur de contenu.

Les moteurs de recherche doivent, quant à eux, se baser sur des mots-clés et les balises HTML principales pour comprendre les thématiques des différentes pages publiées, l'objectif étant de les indexer.

Les propriétaires de sites veulent apparaître dans les premiers résultats des moteurs de recherche. Pour ce faire, ils utilisent une technique très simple qui consiste à placer des mots et requêtes clés sur leurs pages (parfois sous forme de listes ou « grappes »), afin d'attirer les algorithmes et les aider à indexer chaque URL. C'est le début du SEO *(Search Engine Optimization)*.

2000

PayPal est créé. Facilitant les paiements en ligne, la plate-forme permet le développement de sites e-commerce. Ces derniers ont besoin de pages fixes bien rédigées, de pages de catégories et de fiches produits.

Pour communiquer avec leur audience, ils utilisent également des newsletters « copywritées » (c'est-à-dire qui donnent envie de passer à l'action/achat).

Les créateurs de sites ont besoin de contenu. Ils engagent des rédacteurs web et leur demandent de placer un maximum de mots-clés, qui font office d'étiquettes. Il n'est pas encore indispensable de les intégrer de manière naturelle ; ajouter des paragraphes composés uniquement de mots-clés peut encore convenir.

2001

Wikipédia arrive en France. Il s'agit d'une encyclopédie universelle et multilingue collaborative.

2004

MySpace apparaît, c'est l'un des premiers réseaux sociaux à succès. N'importe qui peut créer une page et mettre en ligne du contenu en quelques clics (photos, musiques, textes).

Les internautes passent de plus en plus de temps connectés, tandis que Google gagne du terrain. Ses réponses sont fiables et le nombre de sites indexés ne cesse de croître.

Chaque jour, la grande toile s'étend. Les contenus écrits sont capitaux, ce sont eux qui séduisent les internautes et qui guident les algorithmes des moteurs de recherche.

2006

Mark Zuckerberg rend Facebook public. Le succès est immédiat, international et viral.

Bientôt, le marketing envahira les réseaux sociaux, exigeant toujours plus de mots et faisant les beaux jours des nouveaux community managers.

2007

Certains téléphones portables permettent de naviguer sur Internet, les designers s'adaptent et créent des sites dits *responsives*, dont l'affichage est adapté à la taille de l'écran. Les rédacteurs doivent également réfléchir à la construction de leurs textes, consultés sur ces nouveaux supports de lecture.

Figure 1-4. Les différents types d'écrans utilisés pour naviguer sur Internet (téléphone mobile, ordinateur de bureau, ordinateur portable et tablette)
(*Source* : https://quintagroup.com/services/web-design/responsive-web-design)

2009

Développement de l'*inbound marketing*. La technique consiste à récolter des prospects indirectement en partageant de l'information pertinente. Par un effet entonnoir, les internautes sont dirigés vers des produits et services.

Cette nouvelle tendance exige, elle aussi, toujours plus de contenu. Les rédacteurs web écrivent pour les blogs d'entreprises. Les sites informatifs sponsorisés se multiplient.

2011 – 2016

Google lance d'importantes mises à jour de ses algorithmes. Panda sanctionne désormais les mauvais contenus. Penguin se charge de pénaliser les méthodes de référencement abusives. Fini les patchworks de textes recyclés : les rédacteurs doivent faire preuve de créativité.

Le géant américain s'engage dans une démarche qualité qui ne cessera de croître. En 2013, la mise à jour Hummingbird (qui favorise la recherche sémantique afin de mieux comprendre l'intention de recherche de l'internaute) modifie totalement les besoins en rédaction web. Les clients doivent revoir leurs briefings, ils font de plus en plus appel à des consultants SEO et des agences de stratégie digitale pour les accompagner. Les rédacteurs web formés au référencement naturel prennent l'avantage.

Et après ?

La suite de l'histoire s'emballe, celle d'Internet ne pourrait être résumée en quelques lignes.

L'arrivée de YouTube, Pinterest, LinkedIn, Instagram et bien d'autres réseaux renforce l'engouement des internautes pour cet outil qui semble ne plus avoir de limites. En 2016, le cap du milliard de sites est dépassé. L'année suivante, on en compte plus de 1,7 milliard.

Les besoins en rédaction web augmentent, tandis que les exigences évoluent. Le rédacteur web doit s'adapter aux comportements des internautes : ils sont de plus en plus distraits (notamment par les notifications), sollicités et pressés. Le contenu attendu doit être clair, concis et agréable à lire. Il est également nécessaire d'anticiper les évolutions des moteurs de recherche afin de rendre des textes de qualité, visibles sur le long terme.

En 2019, le baromètre du numérique publié par l'Arcep (Autorité de régulation des communications électroniques, des postes et de la distribution de la presse) annonce que le pourcentage de mobinautes a dépassé les 50 %.

L'époque où l'on pouvait lister des requêtes clés en fin d'article, en police blanche sur fond blanc, est définitivement révolue. Les algorithmes sont capables de comprendre les mots vides, ils prennent en compte le champ sémantique de chaque contenu et saisissent de mieux en mieux l'intention de recherche de l'internaute. L'intelligence artificielle développée par Google répond toujours plus rigoureusement à nos besoins en utilisant notamment les millions de données personnelles accumulées...

Parallèlement, des contenus de mauvaise qualité sont mis en avant par le biais de la publicité et des réseaux sociaux, ce qui participe au développement des théories du complot et autres désinformations.

Dans ce contexte, le rôle du rédacteur web est capital, il doit s'assurer de la qualité de ses sources et participer à la création de contenus sérieux et enrichissants.

Pour les 30 ans de la création du Web, en mars 2019, Tim Berners-Lee, son créateur, a lancé un appel. Une conclusion sensée pour ce premier chapitre...

> « La lutte pour le Web est l'une des causes les plus importantes de notre époque. Aujourd'hui, la moitié du monde est en ligne. Il est plus urgent que jamais de veiller à ce que l'autre moitié ne soit pas laissée de côté et à ce que tout le monde contribue à un Web propice à l'égalité, aux opportunités et à la créativité.
>
> Le contrat pour le Web ne doit pas être une liste de solutions rapides, mais un processus qui marque un changement dans la manière dont nous comprenons notre relation avec notre communauté en ligne. Il doit être suffisamment clair pour servir de guide pour la voie à suivre, mais suffisamment souple pour s'adapter au rythme rapide des changements technologiques. C'est notre passage de l'adolescence numérique à un avenir plus mature, responsable et inclusif.
>
> **Le Web est à tous, et nous détenons collectivement le pouvoir de le changer.** Ce ne sera pas facile. Mais en rêvant un peu et en travaillant beaucoup, nous pouvons créer le Web que nous voulons. »

Chapitre 2

Comprendre les enjeux du Web et l'écosystème d'un site

Le rédacteur web SEO freelance ne se contente pas de rédiger, il est capable d'aider et d'accompagner son client sur l'ensemble de sa stratégie de contenu écrit. La différence avec le rédacteur classique réside dans la prise en compte de tout l'écosystème d'un site et de façon plus large, des enjeux du Web. Mais quels sont-ils aujourd'hui ?

Nous venons de le voir, la Toile porte bien son nom, l'arborescence semble infinie et les courbes exponentielles. Alors, comment trouver sa place dans ce flot d'informations ? Comment réussir à se démarquer lorsqu'on crée du contenu écrit pour un site ?

Pour répondre à ces questions, il est indispensable de prendre en compte plusieurs paramètres.

À noter

Tout au long du livre, Google sera cité comme moteur de recherche de référence. Les rédacteurs web SEO travaillent avec des outils liés à Google et la majorité des clients souhaite être référencée sur ses pages de résultats. Cela s'explique par le quasi-monopole du géant américain.

Voici les parts de marché des moteurs de recherche en FRANCE, selon les appareils :

Moteur	Tous appareils	Desktop	Mobile
Google	92,05%	83,27%	97,54%
Bing	3,97%	9,68%	0,37%
Yahoo	1,20%	2,58%	0,33%
Ecosia	1,14%	1,87%	0,69%
Qwant	0,90%	1,66%	0,44%
DuckDuckGo	0,49%	0,72%	0,34%

Figure 2-1. En France, Google s'impose largement sur ses concurrents, avec plus de 90 % de parts de marché, tous appareils confondus. (*Source* : https://www.webrankinfo.com/dossiers/google/chiffres-cles)

Enjeux du Web

Terminé les annuaires téléphoniques, les dictionnaires, les encyclopédies et autres minitels, Internet remplace tous nos anciens outils. En quelques secondes, un internaute peut trouver un restaurant près de chez lui, consulter les avis des clients, puis en obtenir l'adresse et le numéro de téléphone. Il en va de même pour l'information. Qui n'a jamais tapé ses symptômes sur Google avant de se rendre chez le docteur ? Qui, aujourd'hui, ne regarde pas des photos et vidéos de sa prochaine destination de vacances, avant même d'acheter un guide ou de se rendre en agence de voyages ? Et encore, la plupart des internautes réservent eux-mêmes, en ligne !

Internet est devenu un réflexe. On l'utilise au travail, pour communiquer avec nos proches, pour faire des recherches, pour nous divertir, nous former… et cet outil est accessible depuis un smartphone, objet pratique qui se glisse dans une poche.

Être présent sur Internet n’est désormais plus une option pour les entreprises qui proposent des prestations de services et/ou des produits.

Comment se passer du Web ? C’est impossible, à moins d’avoir déjà une clientèle fidèle, une certaine notoriété et aucun besoin en communication.

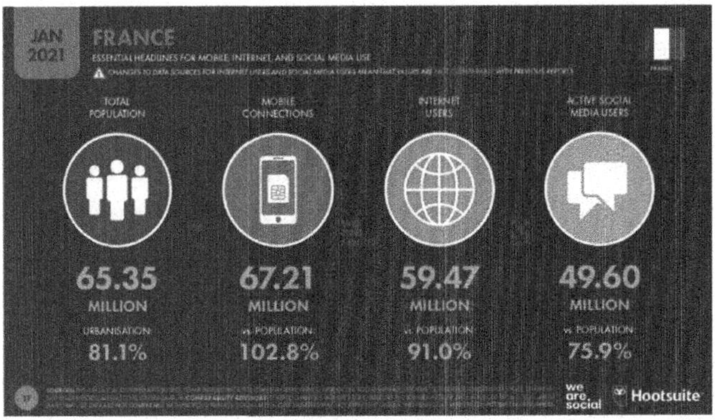

Figure 2-2. En 2021, 91 % des Français utilisent Internet et 75,9 % sont actifs sur les réseaux sociaux. Il y a plus de téléphones mobiles connectés que de Français.
(*Source* : https://datareportal.com/reports/digital-2021-france)

Internet n’a ni frontières ni limites, entreprises et particuliers peuvent publier à l’infini, partager des informations sur les réseaux sociaux, booster ces publications grâce aux publicités payantes. Ils peuvent créer une ou des communautés qui prendront le relai sur la communication (par le biais du bouton Partage). Sur le Web, il est possible de nouer des partenariats pour augmenter sa visibilité, d’utiliser certains médias pour être encore plus visible, de faire appel à des influenceurs pour gagner du trafic… la liste pourrait encore être longue tant il y a à faire.

Dans ce contexte, le rédacteur web a un rôle à jouer, surtout s’il souhaite participer à la diffusion de contenus écrits de qualité, bien sourcés. Pour avancer sereinement, être efficace et accompagner son client dans les meilleures conditions possibles, le rédacteur doit connaître et comprendre les enjeux du Web et les différents moyens de monétisation d’un site.

Le blogging

Le blogging est encore souvent associé aux blogueurs voyages, aux jeunes filles qui proposent des tutos maquillage ou aux récits de vacances illustrés de photos de famille. Pourtant, dans les faits, le blog est un excellent vecteur de trafic. Les blogueurs professionnels sont de plus en plus nombreux (nous reviendrons un peu plus tard sur les techniques qu'ils emploient pour vivre de leur activité sur le Web). Par ailleurs, les entreprises qui utilisent le levier « blog » ont de meilleurs résultats que les autres, car la production de contenu entraîne l'acquisition de trafic. Les textes informatifs rassurent les clients et permettent d'inciter les internautes à suivre des liens qui les mèneront vers les produits et services de l'entreprise. Les contenus divertissants, quant à eux, attirent de nouveaux prospects qui pourront également entrer dans des tunnels de conversion.

Les chiffres qui suivent sont extrêmement parlants. La majorité des graphiques est issue du site Orbit Media (orbitmedia.com). Chaque année, ce média interroge un millier de blogueurs afin d'en extraire des statistiques sur leurs habitudes. En 2020, 1 279 blogueurs ont participé à l'étude américaine. Observer ce qui se fait outre-Atlantique est primordial pour tout créateur de contenu, les Américains ayant une longueur d'avance assez nette sur nous, Européens. Les leçons à tirer sont nombreuses et nous permettent d'anticiper les tendances.

Plus les articles de blog sont travaillés, meilleurs sont les résultats

Les deux graphiques suivants (figures 2-3 et 2-4) nous montrent que, de manière générale, plus un blogueur investit de temps dans la rédaction de ses contenus, meilleurs sont les résultats. Les articles qui ont demandé plus de 6 heures de travail sont clairement plus appréciés par les internautes et les algorithmes. Il serait intéressant de savoir ce que les blogueurs entendent par « bons résultats », mais concrètement, on considère qu'un article est bon lorsque le taux d'engagement est important, le taux de rebond faible, la position sur la SERP *(Search Engine Result Page)* satisfaisante, et les partages et likes sur les réseaux sociaux nombreux.

Définitions

Le taux d'engagement est le pourcentage de visiteurs qui interagissent sur une page ou un site (inscription à une newsletter, achat, partage sur les réseaux sociaux, etc.).

Le taux de rebond correspond au pourcentage de visiteurs qui quittent le site après n'avoir visité qu'une seule page. Plus il est faible, mieux c'est.

La SERP est la page de résultats d'un moteur de recherche.

On note aussi qu'en 2019, les articles ayant demandé moins d'une heure d'investissement dépassaient les performances de ceux pour lesquels 1 à 3 heures de travail avaient été nécessaires. Cela peut s'expliquer par le fait que les articles très courts et rédigés rapidement font souvent référence à une actualité chaude, aussi, ils sont davantage viraux sur les réseaux sociaux et engendrent des résultats satisfaisants (compte tenu du temps investi). Mais ce n'était plus le cas en 2020 ! Le deuxième graphique démontre clairement que les internautes apprécient de plus en plus les contenus de qualité (et les algorithmes de Google aussi). Par ailleurs, les blogueurs peinent à obtenir de bons résultats avec leurs contenus (25 % de bons résultats en 2020 contre 30 % en 2019, soit une chute de 5 %). Cela peut s'expliquer par de nombreux facteurs, notamment :

- l'évolution des algorithmes de Facebook et Instagram, qui favorisent clairement les contenus sponsorisés (payants) ;
- l'évolution de la SERP, qui propose de plus en plus de réponses sans avoir besoin de cliquer sur des liens.

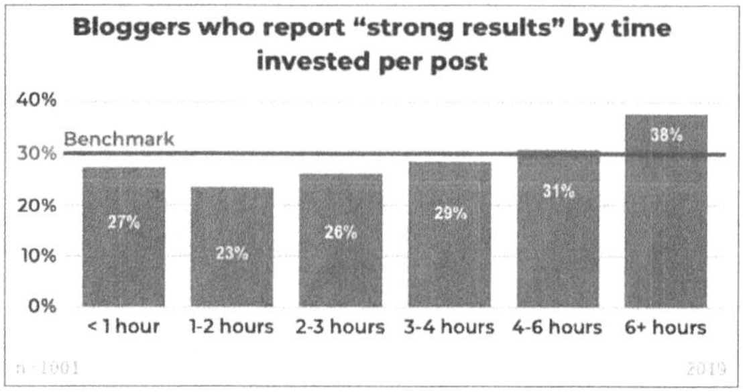

Figure 2-3. Ce graphique montre que plus un blogueur investit de temps dans la rédaction, meilleurs sont les résultats, sauf pour les articles qui demandent moins d'une heure de travail. (*Source* : https://www.orbitmedia.com/blog/blogging-statistics/)

Le temps pour écrire un article de blog a augmenté de 63 % en 6 ans

Après des années d'augmentation, le temps investi dans chaque article s'est finalement stabilisé à un peu moins de 4 heures par texte depuis 2019.

Pourquoi une telle augmentation ?

On l'a vu, pour obtenir de bons résultats, les contenus doivent séduire à la fois les internautes et les algorithmes des moteurs de recherche. À partir de là, la nouvelle question à se poser est : que recherchent-ils ?

Les internautes veulent des réponses à leurs questions, des informations fiables et du divertissement.

Les algorithmes, quant à eux, mettent en avant les meilleurs sites possible afin de satisfaire les internautes (il faut comprendre que plus les visiteurs sont satisfaits par les résultats d'un moteur de recherche, plus ils continuent à l'utiliser et donc, à alimenter un système économique extrêmement rentable).

Pour conclure et simplifier, les internautes et les moteurs de recherche ont un objectif commun : trouver du bon contenu.

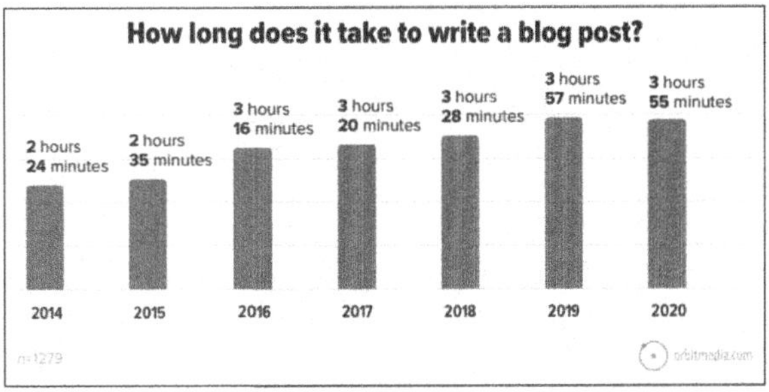

Figure 2-4. Évolution du temps investi dans l'écriture d'un article de blog au fil du temps (*Source* : https://www.orbitmedia.com/blog/blogging-statistics/)

Une fois que l'on a compris cela, les résultats du graphique 2-4 apparaissent comme totalement cohérents, car au fil du temps, les algorithmes deviennent de plus en plus intelligents et exigeants. Il en va de même pour les internautes : plus on leur offre du bon contenu, plus ils s'y habituent et délaissent les sites moins travaillés, ce qui crée un cercle vertueux pour les web entrepreneurs qui investissent dans la qualité.

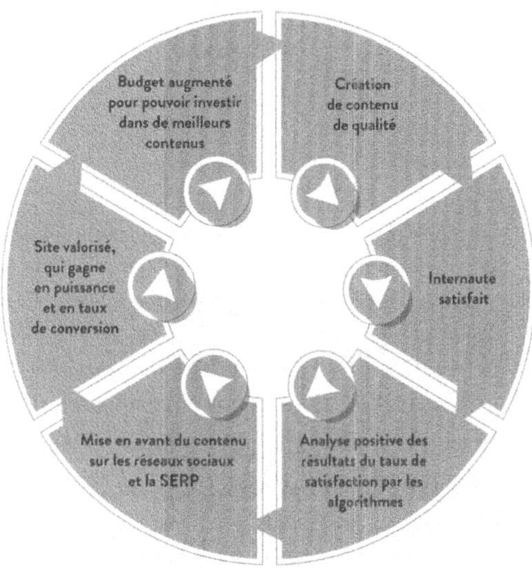

Figure 2-5. La création de contenu de qualité : un cercle vertueux (*Source* : Lucie Rondelet – Formation Rédaction Web)

Des articles de plus en plus longs

Les blogueurs et web entrepreneurs ont compris cette tendance et s'efforcent de proposer des articles plus travaillés. Le graphique 2-6 nous montre que le pourcentage d'articles longs (+ de 2 000 mots) augmente, tandis que celui des articles courts (moins de 500 mots) diminue au fil du temps.

2020 a connu un léger rebond, les articles de moins de 500 mots passant de 6 à 7 %, mais cela peut s'expliquer par le caractère exceptionnel de cette année. Les médias ont largement été influencés par le contexte sanitaire. Aussi, les contenus courts, qui permettaient de partager des informations de type « flash » sur l'évolution de la situation dans le monde, ont été nombreux.

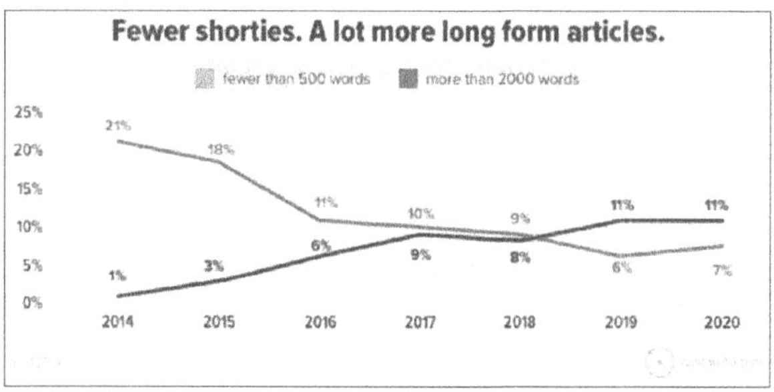

Figure 2-6. Le nombre d'articles de plus de 2 000 mots est passé de 1 % à 11 % entre 2014 et 2020, tandis que les articles de moins de 500 mots sont passés de 21 % à 7 % sur la même période.

(*Source* : https://www.orbitmedia.com/blog/blogging-statistics/)

En 2020, la longueur moyenne des articles de blog était de 1 269 mots contre 808 en 2014. On peut en tirer la conclusion suivante : plus un article est long, plus il permet d'approfondir un sujet et donc, d'apporter de la valeur. Par ailleurs, les contenus plus longs ont, de façon générale, de meilleurs résultats en SEO.

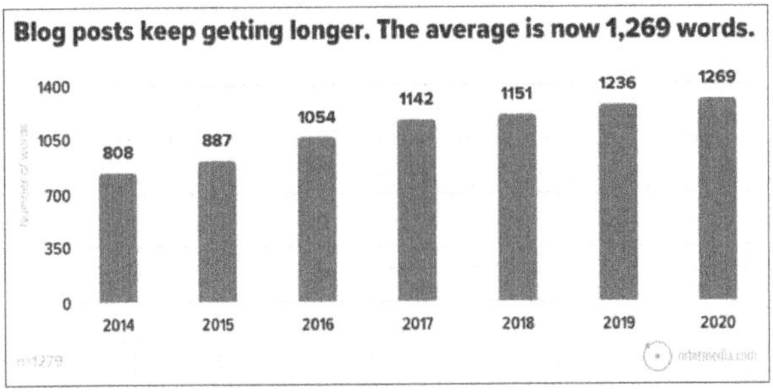

Figure 2-7. Le nombre de mots par article de blog ne cesse d'augmenter au fil du temps, passant notamment de 808 mots en 2014 à 1 269 mots en 2020. (*Source* : https://www.orbitmedia.com/blog/blogging-statistics/)

Les contenus longs sont mieux positionnés sur les moteurs de recherche

Les études montrent que les articles longs ont tendance à être mieux positionnés dans les résultats de Google. Le site Backlinko précise également que les contenus plus longs ont généralement davantage de backlinks (liens externes qui pointent vers la page), détail qui n'en est pas un, puisque les algorithmes de Google prennent en compte ces backlinks pour déterminer quels sont les sites d'autorité.

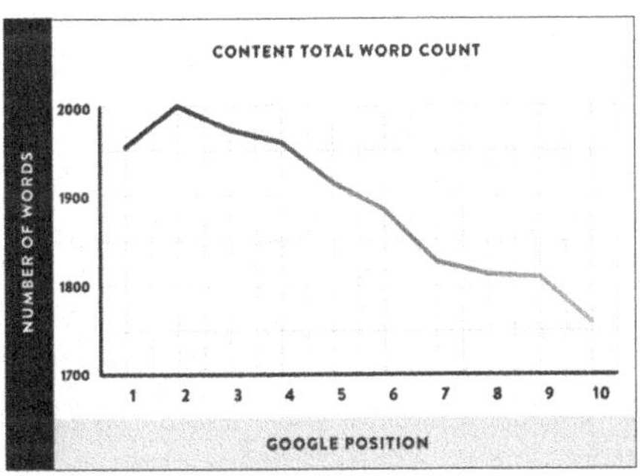

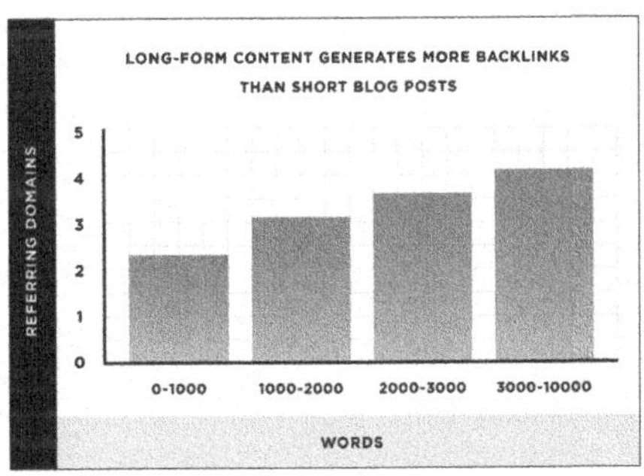

Figure 2-8 et 2-9. Les articles longs sont mieux positionnés et reçoivent davantage de backlinks. (*Source* : https://backlinko.com/search-engine-ranking)

Les blogueurs publient moins régulièrement

L'analyse des tendances a révélé que les blogueurs publient plus rarement qu'avant et pour cause, comme nous l'avons vu plus haut, rédiger des articles prend de plus en plus de temps. Certains se découragent face à l'ampleur de la tâche, tandis que d'autres engagent des rédacteurs web.

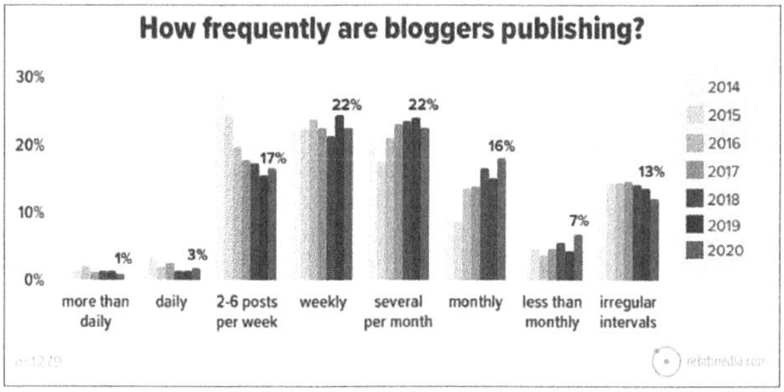

Figure 2-10. Fréquence de publication des blogueurs. La majorité d'entre eux ne publie qu'un article par semaine ou quelques-uns par mois.

(*Source* : https://www.orbitmedia.com/blog/blogging-statistics/)

Pourtant, les études réalisées par Orbit Media montrent que la régularité et la fréquence de publication jouent un rôle important dans les résultats obtenus.

La figure 2-11 met en évidence le fait que la régularité a des effets positifs, tout comme une fréquence de publication élevée.

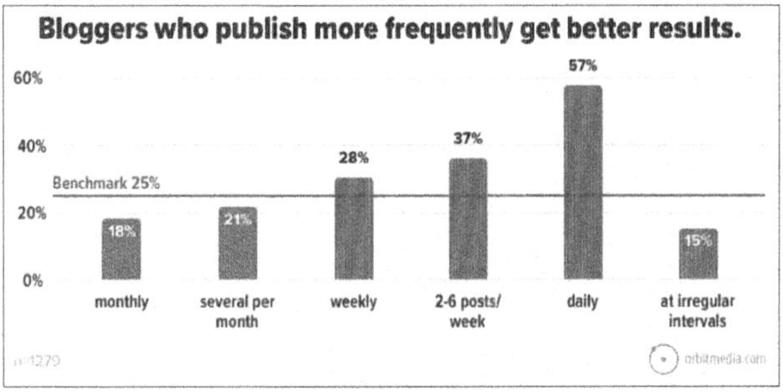

Figure 2-11. Résultats obtenus en fonction de la fréquence de publication d'articles. Plus le rythme de publication est soutenu, meilleurs sont les résultats.

(*Source* : https://www.orbitmedia.com/blog/blogging-statistics/)

78,9 % des entreprises qui optent pour un blog obtiennent des résultats positifs.

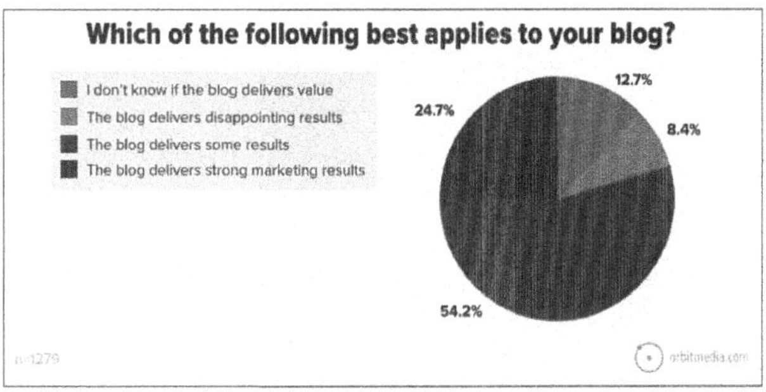

Figure 2-12. 54,2 % des entreprises estiment que le blog est bénéfique et 24,7 % qu'il apporte de très bons résultats en marketing ; soit 78,9 % en tout.

(*Source* : Orbit Media)

Les blogueurs se focalisent sur les tendances et oublient parfois les attentes profondes des internautes

Plus on s'attarde sur les statistiques, plus le constat est clair : les créateurs de contenu ne publient pas toujours ce qui est réellement attendu et apprécié par les internautes.

En voici la démonstration.

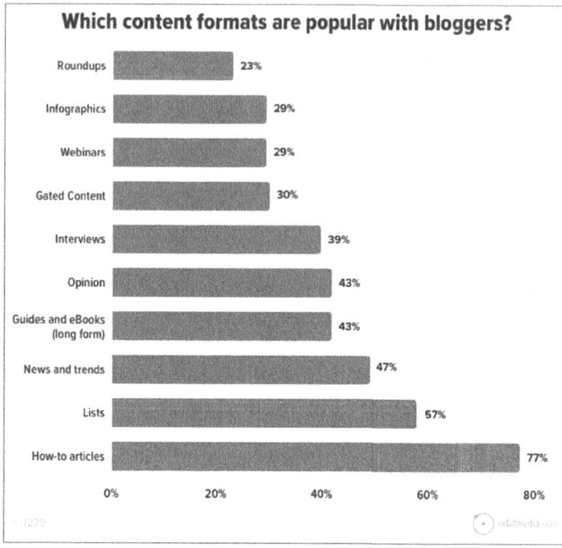

Figure 2-13. Types de formats que les blogueurs affectionnent.
(*Source* : Orbit Media)

Ici, on constate que 77 % des blogueurs créent des contenus « Comment… », 57 % des articles de type liste, 47 % des actualités et 43 % des guides, e-books et partages d'opinion.

D'après Amanda Milligan, du site Fractl, il n'est pas étonnant que les blogueurs se focalisent sur les articles « Comment… » :

> « Je ne suis pas du tout surprise de voir la prévalence du contenu pratique, non pas parce qu'il est "à la mode", mais parce que c'est ce que les gens veulent. Mon équipe chez Fractl a étudié comment les différentes générations effectuaient des recherches en ligne […] 13 % des 1 000 personnes interrogées ont fourni des recherches hypothétiques contenant "comment…" ("How to"). Les générations qui ont le plus utilisé ces deux mots ("how to") ? Les Millennials ou Génération Y (nés entre 1981 et 1996) et la Génération Z (personnes nées entre 1997 et 2010). Pour moi, cela indique la valeur continue du contenu pratique et sa probabilité de rester pertinent pour les années à venir. »

Si les articles « comment… » répondent à un besoin, ils sont néanmoins surreprésentés (77 %) par rapport aux attentes des internautes de tous âges (28 %).

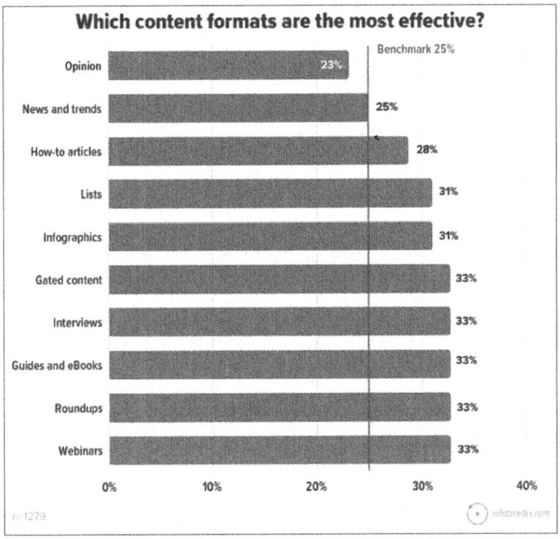

Figure 2-14. Types de formats les plus populaires chez les internautes (*Source* : Orbit Media)

Le graphique 2-14 démontre que les contenus qui apportent le moins de résultats aux blogueurs sont les articles d'opinion, les actualités, les articles « comment… » et les listes ! Les plus efficaces étant les webinaires, les résumés, les guides et e-books, les interviews et les contenus bloqués (soit par une demande d'abonnement payant, soit par abonnement gratuit). Cela peut s'expliquer par la présence d'une concurrence importante sur les articles à liste ou les contenus « comment… ».

Attention

Il est important de bien différencier les contenus qui ont du succès de ceux qui permettent d'obtenir des résultats. Les blogueurs évaluent l'efficacité d'un contenu au taux de conversion qu'il génère.

Lorsqu'ils publient des webinaires, proposent de télécharger des guides sous forme d'e-books ou proposent des contenus bloqués, ceux-ci obtiennent naturellement plus de résultats puisqu'ils imposent au visiteur de laisser son contact (adresse e-mail) pour pouvoir bénéficier du produit en question.

Penchons-nous maintenant sur les autres éléments qui composent un article de blog, à savoir, les images, les statistiques, les contributions, les vidéos et les lecteurs audio.

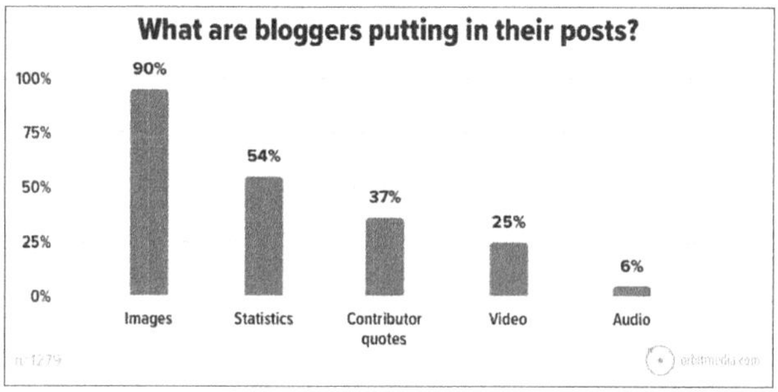

Figure 2-15. Éléments intégrés dans les posts par les blogueurs et leurs pourcentages (*Source* : Orbit Media)

On constate ici que les blogueurs ont tendance à favoriser l'insertion d'images tandis que seulement 25 % intègrent des vidéos et 37 % des contributions extérieures sous forme de citations.

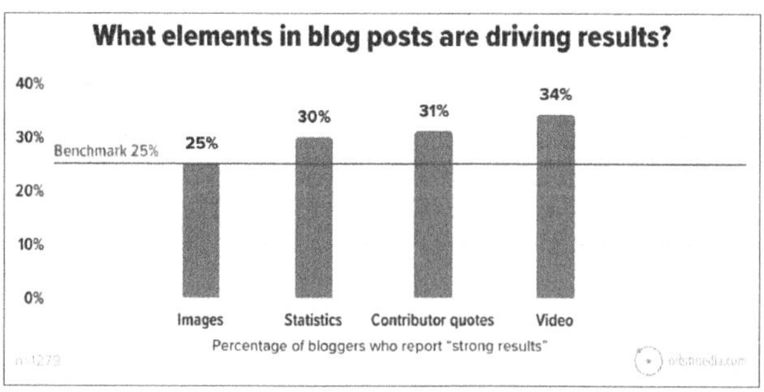

Figure 2-16. Éléments qui engendrent de meilleurs résultats lorsqu'ils sont intégrés dans des articles de blog. (*Source* : Orbit Media)

Pourtant, les éléments qui permettent d'obtenir de bons résultats sont les vidéos, à 34 %, et les contributions, à 31 %.

Sur le graphique 2-17, nous constatons que plus un article contient de visuels, meilleurs sont ses résultats.

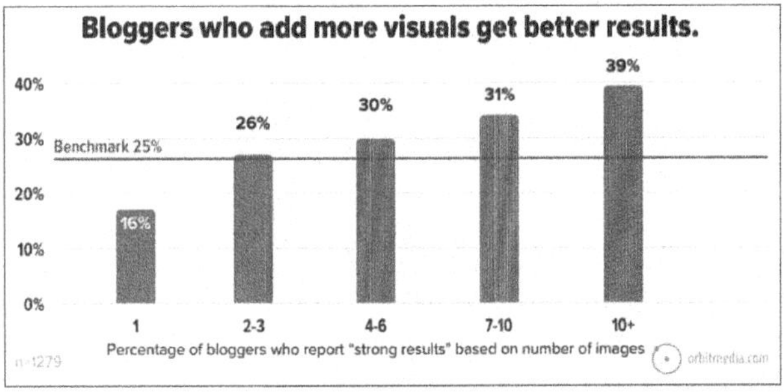

Figure 2-17. Nombre de contenus visuels intégrés et impact sur les résultats. Plus un article de blog contient d'images, meilleurs sont ses résultats.

(*Source* : Orbit Media)

Travailler avec des rédacteurs web professionnels est de plus en plus commun

En 2014, seul 1 blogueur sur 10 faisait appel à un rédacteur web. En 2020, 1 sur 3 confie la rédaction de ses textes à un professionnel, très certainement pour les raisons évoquées précédemment.

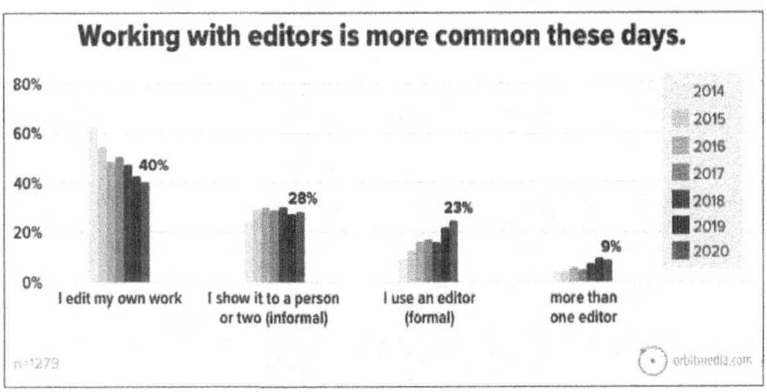

Figure 2-18. Pourcentage de blogueurs qui délèguent la gestion de leurs contenus écrits au fil du temps.

(*Source* : Orbit Media)

Et si l'on s'attarde sur les résultats de ceux qui délèguent la rédaction de contenu à des professionnels, on voit clairement qu'ils sont meilleurs que ceux qui gèrent eux-mêmes leurs publications.

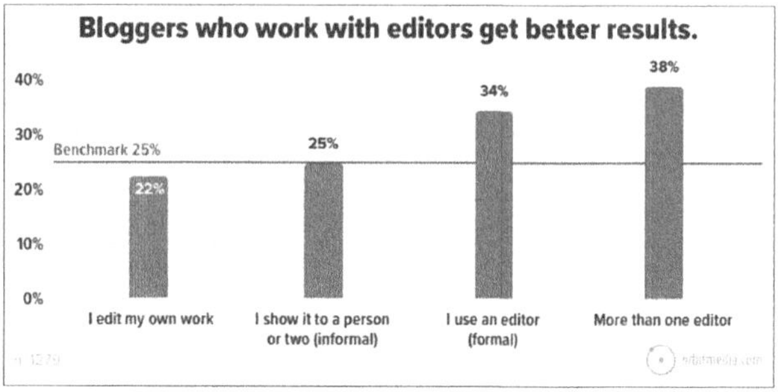

Figure 2-19. Résultats obtenus en fonction de la délégation de la rédaction d'articles. Les blogueurs qui délèguent le plus sont ceux qui obtiennent les meilleurs résultats. (*Source* : Orbit Media)

Attardons-nous maintenant sur le travail des blogueurs en référencement naturel.

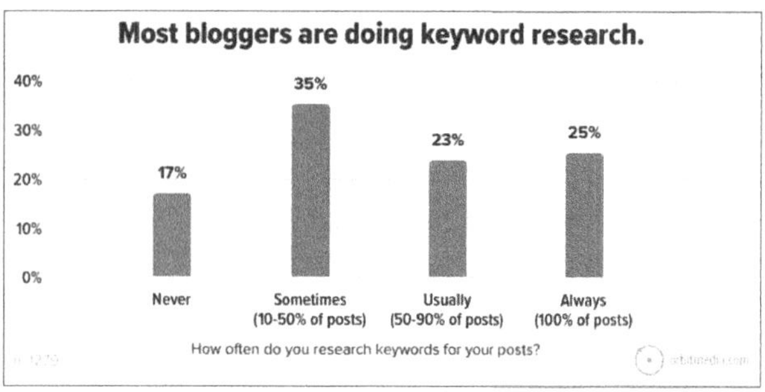

Figure 2-20. Pourcentage de blogueurs qui effectuent des recherches de mots-clés. (*Source* : Orbit Media)

Seuls 25 % des blogueurs optimisent systématiquement leurs articles. Pourtant, les résultats sont sans appel !

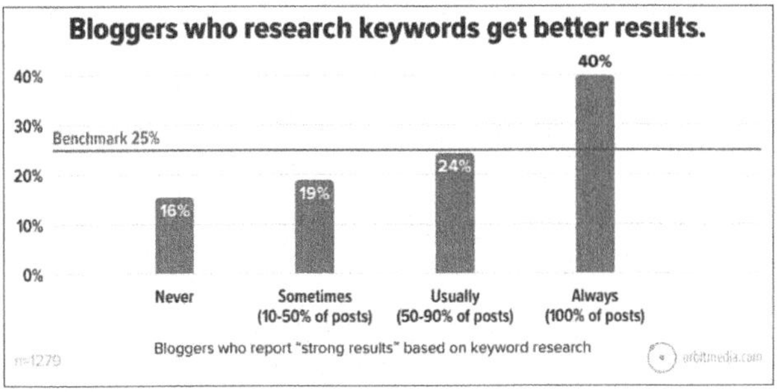

Figure 2-21. Résultats obtenus en fonction de l'intégration de mots-clés (*Source* : Orbit Media)

Ceux qui analysent leurs résultats avec Google Analytics (service gratuit d'analyse d'audience) obtiennent également de meilleurs résultats.

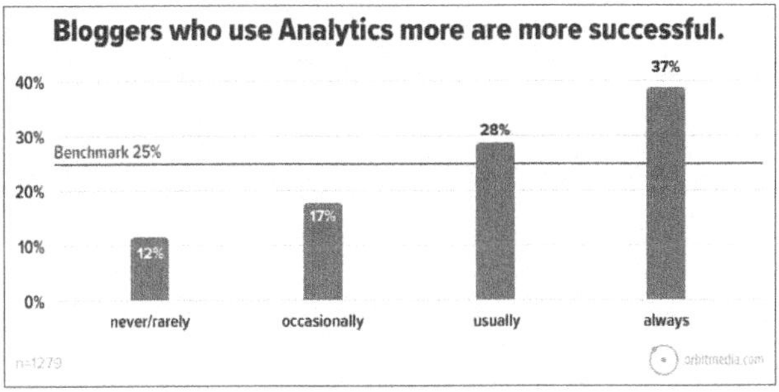

Figure 2-22. Pourcentage de réussite en fonction de la prise en compte des indicateurs de l'outil Google Analytics (*Source* : Orbit Media)

Tout comme ceux qui réactualisent leurs anciens posts.

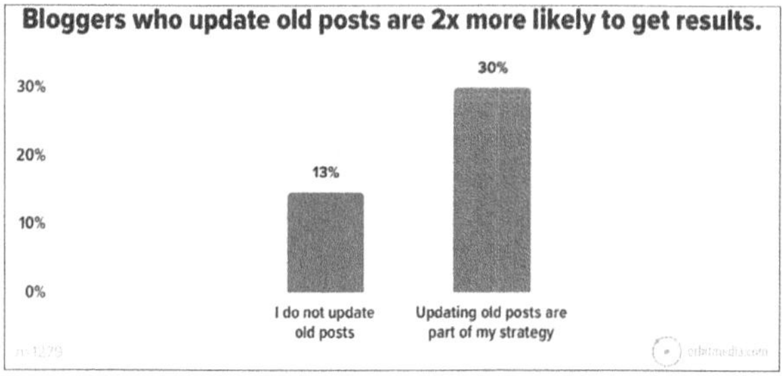

Figure 2-23. Les blogueurs qui réactualisent leurs anciens contenus obtiennent de meilleurs résultats que ceux qui ne le font pas. (*Source* : Orbit Media)

Terminons sur cette infographie réalisée par Orbit Media, qui synthétise des données intéressantes pour les propriétaires de sites. Celle-ci pourra aussi être une base de travail pertinente pour les rédacteurs web freelances.

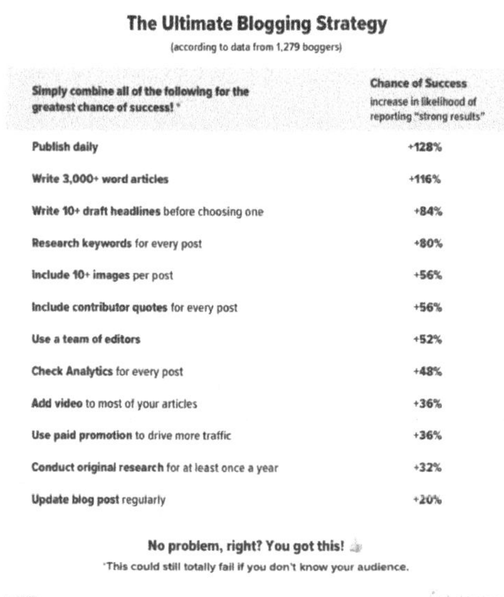

The Ultimate Blogging Strategy

(according to data from 1,279 boggers)

Simply combine all of the following for the greatest chance of success! *	Chance of Success increase in likelihood of reporting "strong results"
Publish daily	+128%
Write 3,000+ word articles	+116%
Write 10+ draft headlines before choosing one	+84%
Research keywords for every post	+80%
Include 10+ images per post	+56%
Include contributor quotes for every post	+56%
Use a team of editors	+52%
Check Analytics for every post	+48%
Add video to most of your articles	+36%
Use paid promotion to drive more traffic	+36%
Conduct original research for at least once a year	+32%
Update blog post regularly	+20%

No problem, right? You got this!

*This could still totally fail if you don't know your audience.

Figure 2-24. Synthèse des actions à mener en priorité pour obtenir de meilleurs résultats et pourcentages des chances de succès (*Source* : Orbit Media)

Et sa version française.

Actions à mener	Probabilité d'obtenir de meilleurs résultats
Publier quotidiennement	128 %
Écrire plus de 3 000 mots par article	116 %
Écrire 10 titres en brouillon, ou plus, avant d'en choisir un	84 %
Rechercher les mots-clés pertinents pour chaque post	80 %
Inclure 10 images, ou plus, par post	56 %
Intégrer des citations dans chaque post	56 %
Faire appel à une équipe de rédaction	52 %
Vérifier les statistiques pour chaque post	48 %
Ajouter des vidéos sur la plupart des articles	36 %
Utiliser le trafic payant pour générer plus de trafic	36 %
Publier ses propres analyses pour créer une source primaire	32 %
Mettre à jour le site régulièrement	20 %

Nous venons de le voir, les blogs ont besoin d'être alimentés en contenu (écrit et visuel) de qualité, mais ils ne sont pas les seuls !

Les pages fixes

Contrairement aux posts de blogs, qui apparaissent dans le fil par ordre antéchronologique, les pages fixes ne sont pas « écrasées » par du contenu nouveau. La page d'accueil, la page À propos, les CGV et mentions légales sont, par exemple, des pages fixes. Dans la plupart des cas, la page d'accueil et la page À propos sont les plus vues, il est donc primordial de bien les travailler et idéalement de les optimiser pour le référencement naturel.

La page d'accueil

Une page d'accueil mal rédigée, avec des fautes d'orthographe et manquant de clarté n'aura que peu de chances de séduire les internautes. Le rôle du rédacteur web est donc capital : il doit mettre en avant la marque, travailler le storytelling (récit autour de la marque et son histoire) et proposer un contenu léger, facile d'accès et agréable.

On demande désormais souvent au rédacteur web d'écrire du contenu copywrité (qui incite à passer à l'action), car les pages d'accueil contiennent de plus en plus d'opt-in (formulaires d'acquisition de prospects) et boutons.

Une bonne page d'accueil présente les bénéfices de ses produits ou services, elle est un hall d'entrée pour le visiteur. Vous le savez peut-être, une étude américaine a prouvé qu'il suffit d'un dixième de seconde pour se forger une opinion sur un inconnu à partir seulement de son visage (*source* : https://www.psychologicalscience.org/news/releases/same-face-many-first-impressions.html). Considérez que c'est la même chose avec une page d'accueil !

On ne demande pas au rédacteur de créer le design de la page, c'est le travail des développeurs et web designers, mais on peut lui demander de travailler de concert avec eux pour donner du dynamisme et du relief.

La page d'accueil reflète les valeurs de l'entreprise, présente simplement ses bénéfices et s'adresse directement au lecteur. L'internaute a besoin qu'on lui explique pourquoi il devrait rester sur la page : il faut susciter la curiosité tout en restant explicite. Parler de lui est une priorité. Pour parler de l'entreprise, il y a la page À propos ou Qui sommes-nous ?

Dans l'idéal, la page d'accueil présente un message clair avant la ligne de flottaison (c'est-à-dire avant que l'internaute n'ait besoin de scroller la page).

Il est également recommandé de placer un appel à l'action (ou CTA pour *call-to-action*) dans cette partie.

Quelques exemples intéressants

L'agence Kiss the Bride, spécialisée dans le marketing digital, a choisi de créer une page d'accueil simple et explicite. Juste au-dessus de la ligne de flottaison, un tout petit appel à l'action nous invite à faire défiler la page : une discrète mention « Scroll » accompagnée d'une flèche mouvante de couleur vive, qui contraste avec l'arrière-plan foncé, attire efficacement l'œil du visiteur.

Figure 2-25. Page d'accueil simple et explicite du site Kiss the Bride
(*Source* : https://www.kissthebride.fr/)

Si l'on ne scrolle pas manuellement, le défilement est automatique au bout de quelques secondes et on arrive sur une deuxième page avec un autre appel à l'action via le bouton « Et à part ça ? ».

Figure 2-26. Page d'accueil du site Kiss the Bride après un premier défilement manuel ou automatique
(*Source* : https://www.kissthebride.fr/)

Kiss the Bride fait ici le choix du minimalisme pour ne pas semer le trouble dans l'esprit du prospect qui découvre l'agence.

Voici maintenant un exemple tout à fait différent.

Figure 2-27. Page d'accueil du blog Maison Magique
(*Source* : https://www.maisonmagique.fr/)

Ici, le lecteur ne sait pas où poser son regard. Les premiers mots qui apparaissent sont « Maison Magique » et « Best of ». En plissant les yeux, on peut essayer de voir ce qui est écrit en sous-titre, mais cela ne fait qu'augmenter la confusion tant il y a d'idées et de mots qui n'ont pas de lien entre eux :

- bureau ;
- journaliste ;
- maison-jardin ;
- atelier ;
- nursery ;
- maman ;
- balcon ;
- amoureuse.

Le lecteur est perdu, le hall d'entrée comprend trop de portes, qui d'ailleurs semblent verrouillées, car il n'y a pas d'appel à l'action ou de lien cliquable sur ces mots.

La page d'accueil doit se focaliser sur une seule idée. On utilise un appel à l'action simple, clair, sans ambiguïté et on travaille le champ sémantique de l'idée principale.

Un dernier exemple pour illustrer cela : la page d'accueil du site d'un coach en développement personnel.

Figure 2-28. Une page d'accueil sobre et efficace, celle du site de David Laroche (*Source* : https://davidlaroche.fr/)

Contrairement à la capture précédente, la promesse et l'appel à l'action sont très explicites. Le hall d'entrée présente une grande porte ouverte (appel à l'action principal) et de petites portes (liens du menu) sur lesquelles sont inscrites les fonctions de chacune.

Lorsqu'on scrolle la page, les informations apparaissent dans un ordre logique, c'est-à-dire qu'elles répondent à toutes les questions que peut se poser le visiteur arrivant sur le site.

Prendre du recul et se mettre à la place du prospect est indispensable pour réussir une page d'accueil. Une page d'accueil limpide, engageante et au design soigné fera toute la différence.

La page À propos ou Qui sommes-nous ?

De nombreux sites font le choix d'utiliser la page d'accueil comme page À propos. Pourtant, réaliser une page distincte pour décrire l'activité de l'entreprise et son histoire a du sens dans une démarche d'inbound marketing.

Comme son nom l'indique, la page À propos ou Qui sommes-nous ? raconte l'histoire de l'entreprise ou la biographie de la personnalité mise en avant sur le site. La rédaction de cette page implique un engagement de la part du rédacteur. En effet, ce dernier devra connaître parfaitement la personne physique ou morale qu'il décrit ainsi que son histoire. Cela représente une excellente occasion de faire du copywriting et du storytelling.

Le storytelling est l'art de raconter des histoires. Au lieu de se contenter d'écrire des faits, le rédacteur va créer de l'émotion chez le lecteur, il va l'emporter dans un univers différent et, si son récit est suffisamment percutant, le toucher.

Un bon storytelling peut avoir un impact tout aussi important qu'une charte visuelle ; l'histoire de la marque ou d'une personne crée un univers sur lequel tout reposera.

Prenons l'histoire de la célèbre marque Michel et Augustin, puis attardons-nous sur le storytelling de l'ancienne version de leur site (avant que l'entreprise ne soit revendue à Danone en 2019).

Leur page À propos s'intitule Toute l'histoire de l'aventure… Déjà, cela donne envie de cliquer. Les notions d'histoire et d'aventure interpellent.

Ensuite, la page présente une fresque organisée par ordre chronologique. Juste en dessous, le visiteur peut faire défiler l'histoire pour la revivre, étape par étape.

Voici quelques exemples de cette aventure parfaitement storytellée.

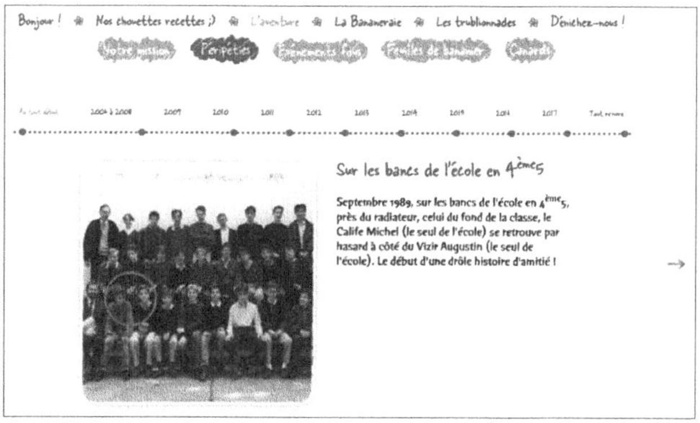

1

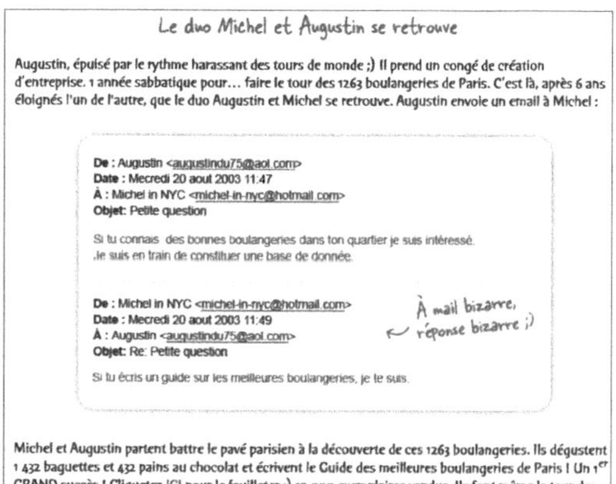

2

3

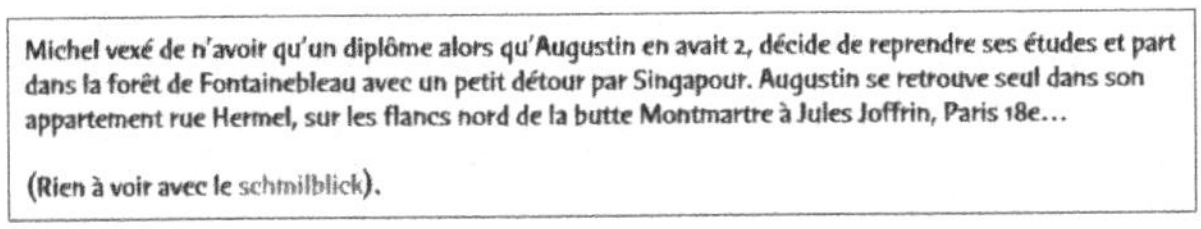

4

Figure 2-29. Captures d'écran issues de la page À propos de l'ancien site web de la marque Michel et Augustin. Le storytelling y est parfaitement travaillé.
(*Source* : https://old.micheletaugustin.com/)

L'histoire de Michel et Augustin reprend les codes du storytelling, à savoir, l'authenticité, la simplicité, l'empathie, les échecs, l'acceptation de ces derniers, la persévérance et enfin, le succès. Le tout est raconté avec humour, parfois même avec une touche d'autodérision et bien sûr, une légère dose de suspense.

Une page À propos bien storytellée, comme celle que nous venons de voir, sera irrémédiablement percutante. Un lecteur diverti, qui se sent proche des créateurs de la marque ou du produit, est souvent un prospect tiède, voire chaud. Par ailleurs, un bon storytelling permet de se démarquer par la singularité : en principe, aucune histoire ne ressemble à une autre lorsqu'elle est détaillée.

Bien entendu, il n'est pas obligatoire de storyteller une page À propos, mais il est évident que cela peut faire augmenter le taux de conversion.

De façon plus générale, la page À propos a pour but de présenter l'entreprise, son histoire et ses valeurs. C'est une page fixe que l'on retouche assez rarement, sauf pour y ajouter des événements marquants comme une certification, un label, etc.

On peut l'optimiser pour le référencement de la même manière qu'un article de blog. Nous verrons cela au chapitre 6.

Les sites e-commerce

Les sites e-commerce sont généralement constitués :

- d'une page d'accueil ;
- d'une page À propos ;
- de pages fixes, dont plusieurs pages de catégories ;
- de centaines de fiches produits ;
- parfois, d'un blog.

Plusieurs arborescences sont envisageables. En voici deux exemples.

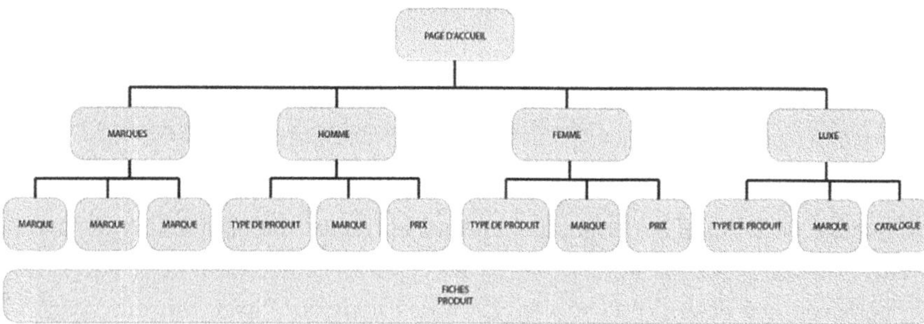

Figure 2-30. Exemple d'architecture d'un site e-commerce très basique, qui ne propose pas de blog.
(*Source* : https://smartkeyword.io/en/referencement-e-commerce/)

La page d'accueil renvoie directement vers les catégories Marques - Homme - Femme - Luxe, puis le visiteur accède à des sous-catégories qui lui permettent de filtrer les résultats par type de produit, marque ou prix. Il arrive enfin sur les fiches produits.

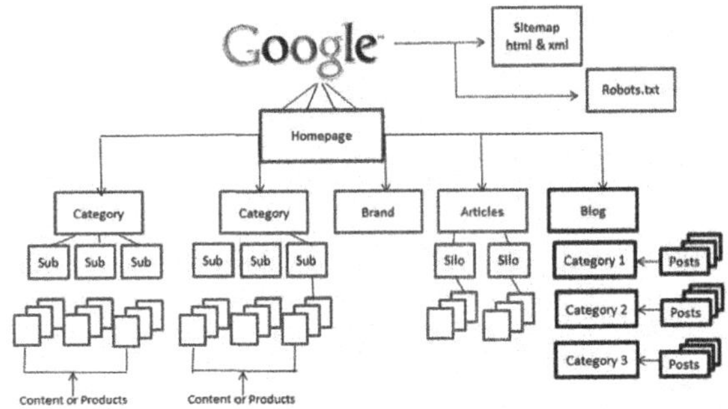

Figure 2-31. Exemple plus complexe d'architecture de site e-commerce, avec des sous-catégories, un blog et des posts sur les réseaux sociaux (*Source* : https://netsulting.fr/definir-cahier-charges-projet-e-commerce/)

Ici, la partie gauche ressemble à la première infographie, mais la partie de droite renvoie directement vers des articles (fiches produits en accès immédiat) et un blog (lequel permettra certainement de mettre en avant les produits du site en suivant le principe de l'inbound marketing).

On le voit, les besoins en contenu écrit sont infinis étant donné que chaque nouveau produit doit faire l'objet d'une page spécifique (image du produit + texte le décrivant + fiche technique).

Le rédacteur web intervient pour rédiger les textes descriptifs des pages de produits et les contenus écrits que l'on trouve sur les pages de catégories (en principe, en bas, même si on les rencontre parfois dans la colonne de gauche ou encore en haut de page).

De manière générale, les pages de catégories de produits sont à travailler pour le référencement naturel. Elles doivent donc contenir plusieurs centaines de mots pour pouvoir être comprises par les algorithmes et bien se positionner dans les SERP. Les fiches descriptives, quant à elles, contiennent souvent trop peu de mots pour être véritablement optimisables auprès des moteurs de recherche. De plus, la concurrence peut s'avérer très importante sur certains produits, ce qui fait que certaines fiches, même optimisées, n'ont que très peu de chances de se retrouver dans les premiers résultats de la SERP. Souvent, les propriétaires de sites e-commerce font le choix de les désindexer (c'est-à-dire de faire en sorte qu'elles ne soient pas prises en compte par les moteurs de recherche).

À noter

Comme vous l'avez vu sur les graphiques d'arborescence de site (figures 2-30 et 2-31), les sites e-commerce ont moins de pages de catégories que de pages produits (ce qui est tout à fait logique !).

Les pages de catégories ont plus de vues, elles renvoient vers de nombreux produits et sont moins éphémères. Il paraît donc logique de travailler davantage leur contenu afin de les optimiser pour le référencement naturel.

Exemple de page de catégorie

Haut d'une page de catégorie du site Zalando.fr

Figure 2-32. Capture d'écran du haut de la page de catégorie « Sandales & Nu-pieds femme » du site Zalando

(*Source* : Zalando.fr)

La page de catégorie présente les produits du groupe « Sandales & Nu-pieds femme », mais si Zalando la laissait telle quelle, il n'y aurait pas assez de matière (comprendre, de contenu rédactionnel) pour aider les algorithmes à l'indexer correctement. Aussi, Zalando a fait le choix (comme la plupart des sites e-commerce) d'ajouter du contenu écrit et optimisé pour le référencement naturel tout en bas de la page. Voyez plutôt.

Bas de la page de catégorie « Sandales & Nu-pieds femme ».

La grande libération des pieds arrive dès la belle saison avec les **sandales et nu-pieds pour femme.** Enfin, nous pouvons montrer nos chevilles avec les modèles à bandelettes qui enlacent les jambes ! Mais ils sont si nombreux qu'il est difficile de les répertorier tous. Formes, textures et coloris varient pour notre plus grand bonheur. Nul doute que vous trouverez les vôtres.

Tout le charme des collections de sandales et nu-pied pour femmes

La dominante classique présente des modèles toilés à simples lanières pour un confort délicatement féminin. Sur la plage, nous portons les sandales avec un paréo imprimé et un joli bustier à bretelles. Pour se rendre au travail, élisez les souliers à talons carrés, surtout si vous êtes amenée à marcher toute la journée. Avec une sangle sur le coup de pied, elles créent un bloc parfait pour bouger sans contrainte. Vous les apprécierez avec un corsaire et des blouses à volants. Moins fantaisie, mais pleines de charme, on garde un œil sur les robes cintrées qui s'associent à des spartiates pastel.

Ces chaussures ne sont pas réservées qu'au plein été !

Et c'est une chance de pouvoir en profiter pendant le printemps et même l'automne. Votre entourage remarquera aussitôt leurs lignes assurées ; celles-ci dévoilent les orteils pour mieux dissimuler les pieds jusqu'aux chevilles. Nous apprécions aussi les modèles dont l'ouverture dénude les talons. Une manière subtile d'afficher le glamour qui sommeille en vous. **Pourquoi ne pas porter ces chaussures en alliance avec des leggings en cuir synthétique ?** Nous conservons une once de sobriété en leur associant une tunique froncée à la taille. Les sandales à plateforme, quant à elles, demeurent un must pour les sorties, en particulier avec une robe nuisette en dentelle.

On craque aussi pour :

Baskets montantes femme	Chaussures femme blanches	Richelieus femme	Sandales femme
Chaussures femme de Les Tropéziennes par M Belarbi	Sneaker Basketball Femme	Tongs femme	Chaussons Femme
Escarpins beiges			

Figure 2-33. Capture d'écran du bas de la page de catégorie « Sandales & Nu-pieds femme » du site Zalando. Le contenu rédactionnel est travaillé dans un objectif d'optimisation pour le référencement naturel.

(*Source* : Zalando.fr)

Exemple de fiche produit

Une paire de chaussures proposée sur le site Spartoo.com

Figure 2-34. Capture d'écran d'une fiche produit du site Spartoo

(*Source* : Spartoo.com)

Ici, on voit une description copywritée sous « description » (c'est généralement la partie travaillée par le rédacteur web) et une partie « fiche technique » avec « composition » et « dimensions » (celle fournie par le client).

L'intérêt du blog sur un site e-commerce

Sans blog, un site e-commerce atteindra rapidement ses limites au niveau de l'optimisation étant donné qu'il aura un nombre restreint de pages fixes. Par ailleurs, à moins que ses fiches produits ne soient extrêmement riches (plus de 800 mots, par exemple), il sera difficilement envisageable d'acquérir du trafic organique par ce biais.

Créer un blog présente des avantages considérables : le site e-commerce peut travailler des requêtes clés pertinentes, en fonction des tendances et des produits qu'il souhaite mettre en avant. Ainsi, le blog sera un support pertinent pour publier des articles en lien avec l'actualité et des contenus optimisés pour le référencement naturel.

Prenons l'exemple d'un bijoutier en ligne, les requêtes clés travaillées sur son blog pourraient être les suivantes :

Actualités (à partager sur les réseaux sociaux en fonction du calendrier) :

- bijoux fête des Mères ;
- bijoux argent pour Noël ;
- idées cadeaux Saint-Valentin.

Articles optimisés :

- Bague or ou argent ?
- Quels sont les avantages des bijoux en or ?
- Comment choisir une bague de fiançailles ?
- Idées pour faire sa demande en mariage.
- Idée cadeau femme 50 ans.

Toutes ces requêtes clés donnent en principe l'occasion d'intégrer des liens vers des fiches de produits de la bijouterie. Plus le trafic est important, plus les chances d'acquérir de nouveaux clients augmentent.

Au fil du temps, le site e-commerce accumule du contenu grâce au blog et reçoit de plus en plus de trafic organique. Par ailleurs, ces articles peuvent être (re)partagés sur les réseaux sociaux chaque année, en fonction de l'actualité et des événements.

Écosystème d'un site

Qu'il s'agisse de sites d'entreprises, de blogs ou de sites e-commerce, tous auront de meilleurs résultats s'ils optent pour une stratégie digitale basée sur un écosystème solide.

Le rédacteur web SEO aide son client à bien se positionner dans les moteurs de recherche, mais d'autres paramètres entrent en compte pour déployer une stratégie performante.

Le site web est le plus souvent au centre de l'écosystème : on partage les articles qui y sont publiés, on renvoie vers les pages de vente, les fiches produits et services et, éventuellement, vers des formulaires de contact ou des opt-in.

L'acquisition de trafic peut se faire de plusieurs manières, voici les 6 principales.

1. Le trafic payant (SEA)

Chaque moteur de recherche possède sa propre régie publicitaire (Google Ads, Bing Ads…). Elle permet de diffuser des publicités sur les pages de résultats lorsqu'un internaute effectue une recherche. Les annonceurs achètent les mots-clés sur lesquels ils souhaitent apparaître via un système d'enchères et de paiement au clic. On parle, à tort, de « référencement payant » pour désigner le SEA *(Search Engine Advertising)*, mais en réalité, aucun processus de référencement n'entre en jeu.

Les résultats sponsorisés sont repérables par la mention « Annonce » qui les précède, laquelle, au fil des ans, se fait de plus en plus discrète. Dès lors qu'un internaute utilise un lien publicitaire pour se rendre sur un site, la marque paye le clic.

Figure 2-35. Capture d'écran d'un extrait de la SERP présentant un contenu mis en avant par une campagne Google Ads (SEA), reconnaissable grâce à la mention « Annonce ».
(*Source* : Google)

Ce canal d'acquisition de trafic est efficace pour les actions de promotions ponctuelles (le lancement d'un nouveau produit notamment). En revanche, à long terme cette stratégie est intenable en raison de son coût. L'autre défaut majeur de cette solution est sa brièveté : le site reçoit des visites tant que l'annonce est diffusée. Après, si le référencement naturel n'a pas été travaillé, le trafic s'effondre. À moins d'avoir un budget illimité, c'est donc une stratégie de court terme.

2. Le trafic organique (SEO)

Le trafic organique est celui qui provient naturellement des moteurs de recherche. Les visiteurs arrivent sur un site après avoir tapé une requête et cliqué sur un lien non sponsorisé. Ils ont une idée en tête, un besoin, une interrogation et se dirigent de la manière la plus naturelle qu'il soit vers une page qui répond très souvent à leurs attentes. C'est une source « bio » en quelque sorte. Elle est l'essence même des moteurs de recherche.

On pourrait dire qu'il n'y a rien de naturel là-dedans étant donné que ce sont les moteurs de recherche qui hiérarchisent les résultats et donc, choisissent indirectement où l'internaute va « atterrir »… mais la réalité est un peu plus complexe. Comme vous avez pu le voir dans la Petite histoire de la rédaction web (page 1), ils mettent tout en œuvre, depuis des décennies, pour proposer les résultats les plus pertinents possible. Leur intérêt est de répondre aux attentes des internautes et à leur intention de recherche. Donc même si le chemin est tracé par une intelligence artificielle (celle des algorithmes), le trafic n'en demeure pas moins naturel dans le sens où il n'est censé être guidé par aucun sponsoring. C'est là toute la différence entre le SEO et le SEA.

L'acquisition organique est le Graal des sources de trafic, car elle garantit des résultats à long terme (à condition toutefois qu'il y ait suffisamment de contenu sur le site). Certes, il y a un investissement de départ, des mises à jour ainsi qu'une veille SEO et sectorielle à faire… mais il n'est pas nécessaire de payer des campagnes de promotion chaque semaine pour relancer les visites. De nouveaux internautes affluent régulièrement. Mieux encore : ils sont qualifiés et trouvent le contenu qui correspond parfaitement à leur intention de recherche. En somme, ce sont le plus souvent des prospects chauds. Du pain béni pour les sites Internet.

3. Les réseaux sociaux

Ici, les visiteurs arrivent sur le site après avoir cliqué sur un lien diffusé dans un réseau social (Facebook, LinkedIn, Twitter, Instagram…).

À moins de recourir aux annonces natives du réseau (Facebook Ads…), ce trafic ne se crée pas du jour au lendemain. Les contenus doivent être suffisamment intéressants pour donner envie aux internautes de les partager. Malgré cela, les résultats dépendent de la communauté visée : les articles ont plus de succès si cette dernière est forte et engagée. Il s'agit donc de créer une sorte de synergie entre les contenus et l'audience, l'un entraînant le développement de l'autre.

Cette source de trafic est très intéressante. Certains visiteurs connaissent déjà le site et ont de l'intérêt pour ses produits ou services. Les autres ont cliqué sur un lien partagé par un membre de leur propre réseau : ils arrivent donc sur le site avec un a priori favorable (sauf bien sûr lorsqu'il s'agit de campagnes de pub).

4. Le trafic référent

Selon Google, cela « correspond au segment de trafic qui arrive sur un site via une source différente, comme un lien ou un autre domaine ». Ici, les visiteurs sont donc dirigés vers un site au départ d'un autre grâce à un lien externe.

Le trafic référent peut se bâtir au travers de contenus de qualité qui seront considérés comme des sources fiables par d'autres éditeurs de site. Il peut aussi s'agir d'articles invités rédigés pour des blogs tiers à titre gracieux. Ces derniers n'auront toutefois de valeur réelle que si l'hôte traite d'une thématique similaire ou complémentaire. Les backlinks peuvent aussi apparaître sur des comparateurs de produits, des annuaires…

L'intérêt de ce trafic est qu'il fait connaître un site ou un blog auprès d'une nouvelle audience, en principe qualifiée. Le lien peut alors être vu comme une recommandation pour les internautes. C'en est une aussi pour Google, car certains backlinks permettent d'améliorer le positionnement d'un site dans les résultats de recherche (à condition toutefois qu'ils soient en « dofollow », c'est-à-dire suivis par les moteurs de recherche).

5. Les e-mails

Là, les visiteurs arrivent sur un site après avoir cliqué sur un lien reçu par e-mail. Bien entendu, il ne s'agit pas de n'importe quel e-mail, mais d'une campagne soigneusement orchestrée et suivie : newsletter, promotion ou toute communication externe.

Les autorépondeurs, ces logiciels qui permettent d'envoyer des e-mails automatiquement (comme MailChimp ou Sendinblue) dévoilent certaines statistiques précieuses telles que le taux d'ouverture ou de clics. Ces données permettent d'améliorer le libellé et le design des e-mails. En revanche, elles ne donnent aucune information sur le taux de conversion (au sens large). Pour le connaître, il faut se référer à Google Analytics.

Ce canal d'acquisition de trafic est probablement le plus efficace pour la conversion. Les abonnés sont plus motivés que les autres visiteurs, car ils ont déjà accompli une action importante : donner leur adresse e-mail. C'est donc une preuve de confiance. De plus, ils sont contactés directement, dans le confort de leur boîte de réception, loin du brouhaha des réseaux sociaux ou des distractions des moteurs de recherche. Enfin, les créateurs de newsletters disposent souvent déjà de nombreuses informations pour toucher leur audience au bon moment, avec le bon contenu.

6. Le trafic direct

Qualifié de « direct » dans Google Analytics, il devrait en fait être renommé « trafic d'origine non identifiée », car il englobe une variété de cas presque infinie, comme :

- l'utilisateur qui saisit directement l'URL dans la barre de recherche ;
- celui qui clique sur un lien sauvegardé dans ses favoris ;
- l'internaute qui suit un lien situé dans un document offline ;
- le visiteur qui clique sur un lien situé sur un site en HTTPS, renvoyant vers un site en HTTP ;
- le cas où le lien se trouve sur un média social privé : WhatsApp, Facebook Messenger, Skype, etc.

Une fois qu'il connaît et comprend tout cet écosystème, le rédacteur web est en mesure d'accompagner son client, de déceler d'éventuelles failles et de travailler sur toutes ces sources afin de générer un trafic homogène. Sur le Web, mieux vaut placer ses pions dans des zones stratégiques. En d'autres termes, il ne faut pas dépendre d'une seule source de trafic au risque de ne plus avoir aucune visite si celle-ci s'effondrait. Il suffit d'imaginer que Facebook suspende le compte ou que Google procède à une mise à jour importante qui modifient la SERP. L'idéal est de diversifier ses canaux d'acquisition de visiteurs et de ne pas bâtir toute sa stratégie sur une seule source. La sagesse veut qu'on ne place pas tous ses œufs dans le même panier…

Sites web et monétisation

Pour être rémunéré, le rédacteur web SEO freelance doit travailler pour un site monétisé de manière directe ou indirecte. Dans la grande majorité des cas, faire appel à un rédacteur web est un investissement et non une dépense.

Prospecter efficacement et réussir à vendre ses services implique de comprendre le modèle économique du site du futur client.

Il existe différentes manières de monétiser un site web. On peut citer (liste non exhaustive) :

- les encarts publicitaires (paiement au clic ou location d'espace de type bannière) ;
- l'affiliation sur des produits ou services ;
- la vente directe de produits numériques ;
- l'intégration d'articles de type publi-rédactionnels ;
- le sponsoring ;
- la vente directe de produits (sites e-commerce) ;
- la vente indirecte de produits *(dropshipping)* ;
- le site vitrine qui promeut un site ou un événement ;
- la billetterie en ligne.

Reprenons ces solutions dans le détail.

Les encarts publicitaires (paiement au clic ou location d'espace type bannière)

C'est sans doute l'une des plus vieilles manières de monétiser un site. Le site web intègre des publicités sur ses pages et reçoit un paiement au clic, c'est-à-dire à chaque fois qu'un internaute curieux clique sur l'encart. Ces clics génèrent souvent quelques centimes d'euros à peine, ce qui est peu. Toutefois, l'opération reste lucrative pour les sites recevant beaucoup de trafic. Aussi, on remarquera que les plates-formes web très puissantes sont souvent bien chargées en publicité. Les sites moins populaires, quant à eux, préfèrent se rémunérer avec des techniques plus rentables (à condition bien sûr qu'ils connaissent ces fameuses techniques). Des locations d'espaces publicitaires sous forme de bannières peuvent aussi être envisageables.

L'affiliation sur des produits ou services

Lorsqu'un site envoie ses lecteurs vers un produit à vendre qui n'est pas le sien, on dit qu'il est affilié.

Pour vous donner un exemple concret, un blog de voyages pourra intégrer des liens d'affiliation vers des guides du type Lonely Planet, vers une agence de voyages en ligne comme Last Minute, vers un site qui propose de commander des excursions ou encore, vers du matériel de randonnée. Si un lecteur clique sur l'un de ces liens, il sera alors tracké par un pixel qui permettra de rémunérer le propriétaire du site web source en cas d'achat.

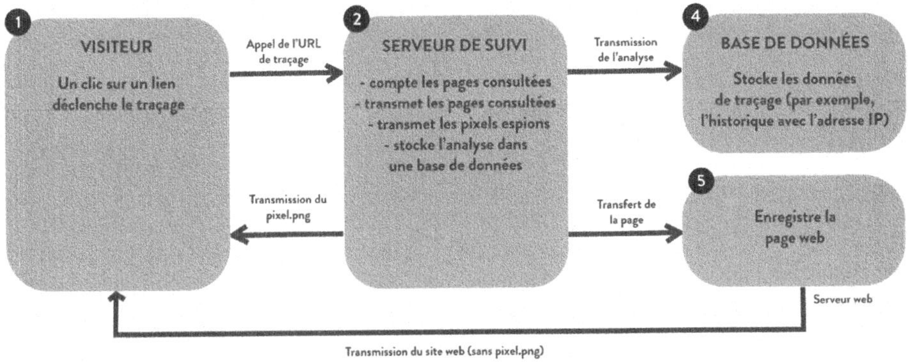

Figure 2-36. Système de suivi de pixel
(*Source* : Lucie Rondelet – Formation Rédaction Web)

Qu'est-ce qu'un pixel de suivi ?

Un pixel de suivi est une image transparente de 1 × 1 pixel qui suit l'internaute dès lors qu'il a effectué une action (et qu'un tracker a été mis en place).

Cette technique est particulièrement utilisée par les agences de publicité qui peuvent comprendre d'où viennent les conversions. Elle est aussi appliquée en affiliation, pour suivre les prospects qui proviennent d'autres sites.

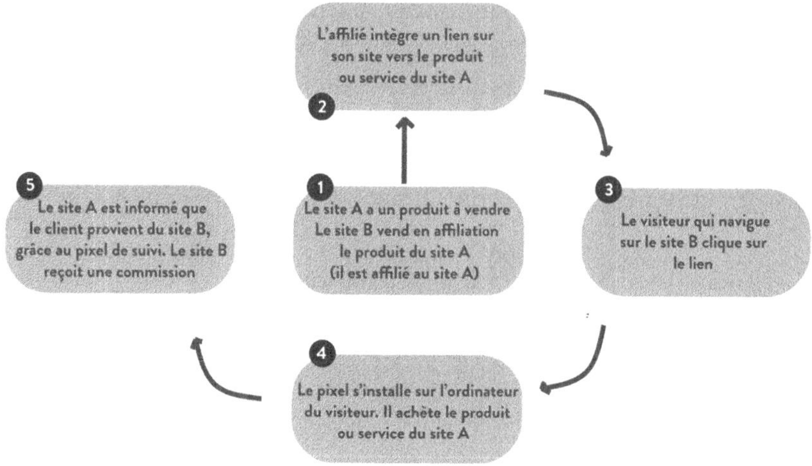

Figure 2-37. Explication du système d'affiliation sur Internet (*Source* : Lucie Rondelet – Formation Rédaction Web)

Si l'affiliation sur de petits produits tels des livres numériques rapporte peu, l'affiliation vers des produits plus conséquents et aux tarifs élevés comme des formations en ligne peut s'avérer beaucoup plus lucrative.

Certains clients des rédacteurs web monétisent leurs sites uniquement avec un système d'affiliation. Ils apportent du contenu sur la Toile et intègrent des liens qui leur permettent de faire des ventes sans avoir à gérer le moindre stock.

La vente directe de produits numériques et services en ligne

La vente de produits en ligne est souvent la plus rémunératrice pour les clients des rédacteurs web. E-book, formation en e-learning, cours au format PDF, jeux à imprimer, etc., tous ces produits ne sont créés qu'une seule fois (puisqu'ils sont numériques) et peuvent être vendus à l'infini lorsqu'ils ne nécessitent pas de mises à jour ou d'accompagnement humain. C'est en somme exactement le même principe qu'un opus musical enregistré une seule fois sur un album et revendu à l'infini, durant des décennies. De plus, le créateur de ces produits numériques n'a pas besoin d'échanger son temps contre de l'argent.

Prenons rapidement l'exemple d'un professeur d'université qui souhaite atteindre une audience plus large. Dans ce cas, il peut enregistrer ses cours et/ou conférences et les proposer à la vente sur son site web (ou ailleurs). De cette manière, il diffuse ses connaissances sans avoir besoin d'être présent physiquement. Cela lui permet à la fois d'être rémunéré et de disposer de temps libre pour avancer dans ses recherches… recherches et études qu'il pourra ensuite partager avec une audience toujours plus large.

Si l'e-learning se développe en France depuis les années 2010, il reste encore assez méconnu et obscur pour le grand public. Pourtant, nous sommes en train de vivre de grands bouleversements au niveau de l'éducation. Le fait que les enseignants et chercheurs puissent diffuser un savoir tout en travaillant sur d'autres projets est quelque chose de nouveau (même s'ils pouvaient le faire autrefois avec des livres, reconnaissons qu'enregistrer une vidéo prend généralement moins de temps qu'écrire un livre !).

S'attarder sur ces tendances est essentiel pour comprendre le rôle du rédacteur web et le champ des possibles. Si l'on observe les États-Unis, qui ont souvent une longueur d'avance sur l'Europe, on ne peut que constater que l'e-learning y est beaucoup plus développé.

Tout reste à faire en francophonie à l'heure actuelle et le rédacteur web freelance peut travailler sur une multitude de projets. L'infopreneur (professionnel vendant des produits de formation en ligne) qui a le budget trouve un grand intérêt à déléguer ses contenus écrits. Le rédacteur web peut ainsi gérer (entre autres) :

- le contenu d'un site web (pages fixes et articles de blog) ;
- les communiqués de presse ;
- des posts sur les réseaux sociaux (s'il a aussi des compétences en social media writing et management) ;
- la retranscription d'audios et de vidéos en scripts de cours, fiches de synthèse, articles optimisés pour le référencement naturel… ;
- le contenu écrit d'une plate-forme de formation en ligne ;
- les pages et tunnels de vente s'il a des aptitudes en copywriting.

On comprendra que ces compétences soient particulièrement appréciées par les web entrepreneurs.

Si on revient à la monétisation de site, on peut aussi citer la vente de services en ligne comme le coaching à distance. Ainsi, de nombreux thérapeutes, coachs sportifs ou encore consultants peuvent monétiser un site en intégrant des formulaires d'achat. Là encore, le rédacteur web SEO est un précieux allié.

L'intégration d'articles de type publi-rédactionnels

Lorsqu'un site bénéficie d'un trafic et d'un réseau important, il peut proposer de publier l'article faisant la promotion d'une autre entreprise que la sienne en échange d'une rémunération.

Le site A souhaite gagner en notoriété et bénéficier d'un backlink. Il contacte le site B, qui a énormément de trafic, pour acheter un publi-rédactionnel.

Le site B est rémunéré par le site A pour publier un article qui intègre une information commerciale.

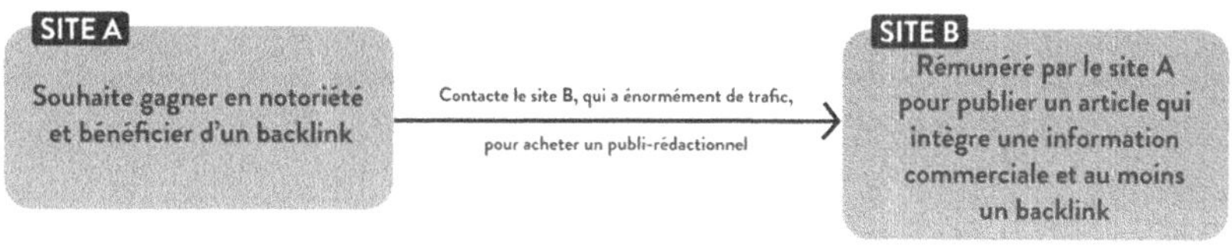

Figure 2-38. Système d'échange dans une relation commerciale avec achat de publi-rédactionnel d'un site A à un site B

(*Source* : Lucie Rondelet – Formation Rédaction Web)

Ainsi, les sites très populaires peuvent se rémunérer facilement grâce à ce genre de pratique, car un publi-rédactionnel se facture plusieurs centaines, voire milliers d'euros.

Bien évidemment, le rédacteur web SEO freelance dispose des compétences attendues pour l'écriture de publi-rédactionnels et ce, pour le site A ou pour le site B.

Le sponsoring

Il s'agit sans doute de l'un des exemples de monétisation les plus populaires. Pourtant, dans la réalité, ce n'est pas du tout le moyen le plus utilisé par les web entrepreneurs pour monétiser un site.

Les influenceurs célèbres sur Instagram, Tik Tok et YouTube, par exemple, sont souvent ceux qui utilisent le sponsoring pour gagner leur vie. Le principe est simple : une marque fait appel à une personne influente pour promouvoir ses produits. Plus cette dernière est suivie et appréciée (nombre de followers, de likes et de partages), plus sa rémunération est élevée.

Sur Instagram par exemple, certains influenceurs sont rémunérés plusieurs milliers d'euros pour chaque post.

La vente directe de produits (sites e-commerce)

Les sites e-commerce vendent des produits qu'ils ont en stock (ils peuvent aussi déléguer le transport et la livraison à des sociétés spécialisées).

Aujourd'hui, grâce à des outils comme WordPress et l'extension WooCommerce, des CMS comme Magento, Shopify ou Prestashop, tout le monde peut créer un site e-commerce.

Que l'on soit artisan, brocanteur ou créateur de mode, le Web ouvre des possibilités infinies.

La vente indirecte de produits (dropshipping)

Vendre sans stock et sans avoir besoin de se rendre à La Poste est tout à fait possible, c'est le principe du dropshipping.

Le distributeur crée un site e-commerce dans le but de vendre les produits d'une autre entreprise que la sienne. Il travaille donc avec des fournisseurs (grossistes) qui gèrent les stocks et la livraison.

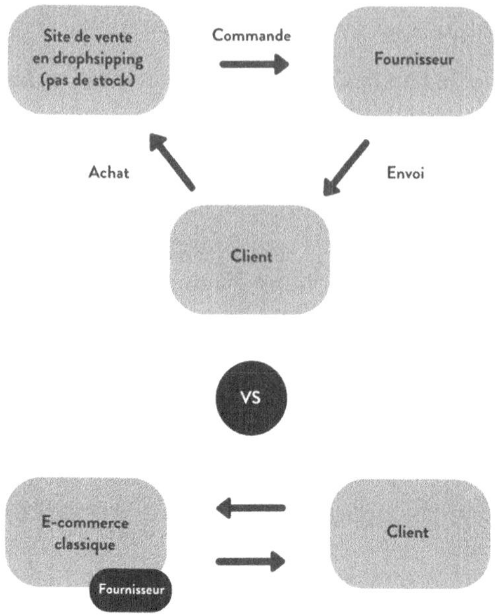

Figure 2-39. Différences entre un site e-commerce en dropshipping et un site e-commerce classique
(*Source* : Lucie Rondelet – Formation Rédaction Web)

Le site vitrine

Les sites web sont aujourd'hui des vitrines qui peuvent attirer davantage de clients que des boutiques ou agences qui auraient pignon sur rue. Aussi, les sites d'offices de tourisme, les billetteries en ligne, les sites d'agences immobilières, de magasins, d'artisans, de professionnels qui ont une activité libérale, etc., peuvent vite rentabiliser l'investissement dans un beau site web, bien référencé.

La billetterie en ligne

Les sites qui proposent des activités culturelles, des conférences et du divertissement sont souvent monétisés grâce à la billetterie en ligne. Places de concert, ticket coupe-file pour un parc d'attractions ou un musée, réservation pour un stage de salsa… ces sites touchent des commissions sur les ventes et sont donc souvent affiliés. D'autres font de la vente directe (ils proposent alors moins de choix).

On comprend que la majorité des sites Internet peut être rentable, et ce, de manière directe ou indirecte. Le rédacteur web SEO freelance qui maîtrise ces systèmes peut aider ses clients en informant les internautes et en les guidant de manière naturelle vers les produits ou services de ce dernier. C'est le principe de l'inbound marketing.

CHAPITRE 3

Profil et responsabilités du rédacteur web

Compétences et qualités requises

Le titre de rédacteur web SEO freelance est assez explicite, il n'y a aucune ambiguïté possible. Le décortiquer en trois parties permet de mettre en évidence les compétences et qualités requises pour exercer ce métier.

Rédacteur web

Le rédacteur écrit, mais il n'est pas un auteur. À la différence de ce dernier, le rédacteur ne signe généralement pas de son nom. Il écrit pour les autres.

Sa particularité réside dans le fait qu'il rédige spécifiquement pour le Web et cela signifie qu'il est lu sur des supports numériques.

Il doit donc avoir de vraies qualités rédactionnelles pour tenir en haleine un lecteur distrait. Il ne fait pas de fautes d'orthographe, connaît les règles de grammaire et de typographie. Son style est fluide, sans fioritures ni envolées lyriques (sauf si cela est demandé et attendu par le client). Il a un bon esprit de synthèse et sait aller à l'essentiel pour rendre la lecture agréable.

Outre ses qualités rédactionnelles, ce professionnel de l'écriture est curieux de nature, il s'intéresse à tout ou presque. Lorsqu'il ne maîtrise pas un sujet, il est capable d'aller rechercher des sources fiables, primaires, afin d'en extraire l'essence.

Le rédacteur web est donc autonome dans ses recherches. À la différence d'un journaliste, il ne mène pas d'investigations et ne fait pas d'interviews, il se contente de récolter des informations, de les compiler et de les recycler pour créer de nouveaux contenus. S'il a des connaissances spécifiques sur un sujet, il peut bien sûr apporter son expertise et la partager dans des articles, à condition d'être certain de ne diffuser que des informations fiables.

Sources primaires et secondaires

Il existe deux types de sources, les sources primaires et les sources secondaires. Le rédacteur doit idéalement se référer à des sources primaires telles que des études d'université, l'Agence France-Presse ou des communiqués de presse par exemple. Cela permet d'éviter la dilution de l'information qui risque, tôt ou tard, de les déformer.

On peut citer comme sources secondaires des sites du type *Le Monde*, le *Figaro*, *Marie-Claire* et à peu près tous les magazines en ligne qui ne sont pas à l'origine de l'information.

SEO

Il est difficile aujourd'hui de faire l'impasse sur le SEO lorsqu'on est rédacteur web. Pourquoi ? Parce que la plupart des sites sont destinés à apparaître dans les moteurs de recherche ; ils doivent donc être optimisés pour le référencement naturel. Bien sûr, certains contenus comme les textes purement informatifs, les actualités, les fiches produits ou bien les scripts de formation n'ont pas toujours vocation à être indexés par les algorithmes de Google. Cependant, peu de rédacteurs se spécialisent dans ces types de contenus. Cela fait partie de leurs compétences, mais la plupart des clients attendent d'un rédacteur web qu'il maîtrise le SEO.

Au premier abord, le SEO a tendance à rebuter les personnes ayant un profil plutôt littéraire, pourtant, de nombreux rédacteurs prennent beaucoup de plaisir à analyser les résultats de leurs clients, retoucher des articles, préparer des plannings éditoriaux ou encore, à construire des structures de texte optimisées pour le référencement naturel.

Nous l'avons vu dans la première partie dédiée à l'histoire de la rédaction web (page 1), celle-ci a suivi les évolutions des mises à jour des algorithmes. Le rédacteur web s'adresse systématiquement au lecteur ET aux robots qui viendront crawler ses textes. Ne pas optimiser un texte avec les balises HTML et quelques mots-clés (voir la section « Optimiser ses contenus pour gagner du trafic organique », page 114) revient à ne s'adresser qu'aux lecteurs… et encore, sans toutefois les aider à trouver les contenus qu'ils recherchent ! Car il faut garder à l'esprit que Google est un gros annuaire et que pour l'aider à répertorier et classer les sites, il a besoin qu'on le guide. Le balisage HTML et le vocabulaire utilisés par le rédacteur web seront décisifs dans le classement final.

Aujourd'hui, un rédacteur qui ne maîtrise pas le SEO ne peut pas être considéré comme un rédacteur **web**, c'est un simple rédacteur.

Freelance/indépendant

Freelance ou travailleur indépendant, même combat ! Le rédacteur web entrepreneur doit gérer son entreprise seul, il va donc endosser plusieurs casquettes.

Il lui faudra notamment :

- chercher des clients et entretenir de bonnes relations avec eux ;
- gérer sa comptabilité (devis, factures, relances…) ;

- organiser son emploi du temps (vacances incluses) ;
- définir ses priorités ;
- se protéger (CGV, contrats, assurances) ;
- se charger de tout l'aspect administratif (URSSAF, impôts...).

Chercher des clients et entretenir de bonnes relations avec eux

Une fois formé ou durant sa formation, le rédacteur web part à la recherche de clients. Le réseau professionnel LinkedIn est une excellente place de marché qui permet de mettre en relation des créateurs, gestionnaires de sites et autres responsables éditoriaux avec des rédacteurs. Il suffit de mettre en ligne son CV et de nouer quelques premiers contacts pour commencer à se faire remarquer. La vie professionnelle avant la reconversion ne doit pas être effacée ou cachée, bien au contraire ! La plupart des rédacteurs web aujourd'hui ont connu une reconversion professionnelle ; rares sont ceux qui ont fait des études de rédaction web et ont démarré immédiatement une carrière dans ce métier. Chacun peut décrire son parcours sur le CV LinkedIn et profiter de l'accumulation de compétences pour devenir, pourquoi pas, un rédacteur spécialisé. Par exemple, un conseiller juridique reconverti à la rédaction web pourra noter son parcours et attirer ainsi les sites qui ont besoin de contenus dans le domaine du droit.

LinkedIn n'est pas le seul endroit où le rédacteur web trouve des clients, les rencontres entre entrepreneurs, les conférences et les salons en tous genres sont d'excellentes zones de chalandise. Par ailleurs, le rédacteur peut proposer ses services sur des plateformes de freelances comme Malt, La Rédac du Web ou encore Fiverr.

Une fois ses premiers clients trouvés, il devra réussir à entretenir de bonnes relations avec eux. En général, cela passe par une communication fluide, des échanges brefs et efficaces et une grande réactivité. Le rédacteur web freelance est un entrepreneur, c'est à lui de gérer ses relations commerciales ; ces dernières ont une influence non négligeable sur son quotidien, son chiffre d'affaires et son sentiment général de bien-être ou au contraire, de mal-être s'il n'arrive pas à s'organiser convenablement.

Gérer sa comptabilité (devis, factures, relances…)

Une entreprise pérenne repose sur une comptabilité saine. Au quotidien, le rédacteur range ses factures, ses devis et s'occupe des éventuelles relances. De nombreux logiciels de facturation gratuits sont disponibles en ligne, Henrri en est un bon exemple. D'autres outils comme Freebe (payant) permettent aux freelances de s'organiser parfaitement sur les plans administratif et comptable.

Organiser son emploi du temps (vacances incluses)

La vie de chef d'entreprise n'est pas de tout repos ; il est essentiel de réussir à bien s'organiser au quotidien pour éviter le surmenage. Le rédacteur web freelance utilise donc un agenda électronique ou papier pour gérer ses missions, respecter les deadlines et préparer ses rendez-vous avec les clients. L'agenda électronique (Google Agenda, par exemple) a cela de pratique qu'il permet de recevoir des notifications, d'inviter des personnes à participer aux réunions, de partager ses rendez-vous ou encore d'intégrer un lien vers une visio-conférence grâce à l'outil Google Meet. Il suffit de posséder un compte Gmail. D'autres solutions existent, comme Microsoft Teams ou le logiciel en ligne Zoom, qui se synchronisent à un agenda connecté.

Il est primordial de s'octroyer des jours et idéalement des semaines de repos au cours de l'année. Les périodes creuses en rédaction web sont juin, juillet, août, puis la période des vacances de Noël. Généralement, les clients commandent peu de textes à ces périodes, car les internautes sont moins connectés (sauf sur les sites d'e-commerce ou de tourisme, pour préparer les cadeaux et leurs vacances). Prendre ses vacances à ces mêmes périodes est un choix judicieux.

Avant de partir en congés, le rédacteur peut planifier ses articles et boucler ses missions en avance, ainsi, son chiffre d'affaires ne bouge pas malgré la pause. Mais cela implique de travailler davantage avant le départ en vacances. L'important est de bien communiquer avec le client et de réussir à trouver un terrain d'entente, une solution qui ne lèse personne.

Au quotidien, les logiciels d'organisation tels que Trello ou Notion sont particulièrement appréciables. De plus, ils sont gratuits dans leur version simple… et le rédacteur n'a pas besoin de commander les versions premium.

Figure 3-1. Exemple de tableau de bord avec l'outil Trello, qui permet d'organiser les différentes tâches et missions à réaliser.
(*Source* : https://blog.trello.com/fr/organisation-personnelle)

Figure 3-2. Exemple de tableau de bord avec l'outil Notion, qui permet également d'organiser les différentes tâches et missions à réaliser. Notion dispose aussi d'un agenda et d'une multitude de fonctionnalités très intéressantes pour les entrepreneurs.
(*Source* : Compte *Notion* testé par Lucie Rondelet)

Avec ces outils, le freelance note les missions sur lesquelles il est en train de travailler, celles à venir, les dates butoir, ses rendez-vous, etc. Il peut aussi intégrer un agenda, une liste de contacts, ses sources... L'autre avantage est qu'il est facile partager les tableaux avec d'autres professionnels du secteur (webmaster, développeur, graphiste...) et les clients.

Maîtriser ce type de logiciels est indispensable lorsqu'on se lance dans l'entrepreneuriat digital, car de nombreux collaborateurs les utilisent et le rédacteur sera amené un jour ou l'autre à travailler dessus.

Enfin, les outils de mindmapping s'avèrent précieux pour les rédacteurs qui ont besoin de visualiser leurs projets de façon plus globale.

Figure 3-3. Exemple de mind map.
(*Source* : http://www.inboundtom.co.uk/introduction-mind-maps/)

Définir ses priorités

Le rédacteur web fraîchement entrepreneur peut vite perdre pied face aux exigences de ses clients, pourtant, la pérennité de l'entreprise dépend en grande partie de la gestion des priorités.

Le principe de Pareto, aussi appelé loi des 80-20, décrit une règle selon laquelle environ 20 % des causes produisent 80 % des effets.

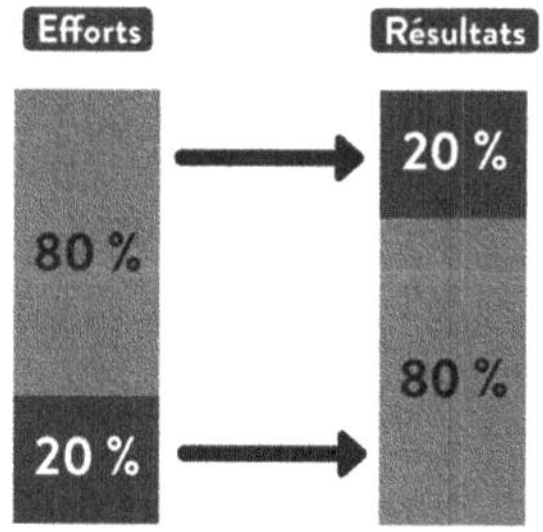

Figure 3-4. Principe de Pareto
(*Source* : Lucie Rondelet – Formation Rédaction Web)

Ce principe est à garder en tête en toutes circonstances, car il se vérifie dans de nombreuses situations de la vie quotidienne et/ou de la vie de l'entreprise.

On remarque souvent que 20 % des clients des rédacteurs web créent 80 % des problèmes, tandis que 20 % des meilleurs clients sont à l'origine de 80 % du chiffre d'affaires. C'est la même chose avec le démarchage, 20 % des actions rapportent 80 % de bénéfices.

Prendre le temps de comprendre quelles sont les priorités (par exemple, ce qui fonctionne le mieux au niveau du démarchage) permet de gagner un temps précieux. Finalement, analyser régulièrement les effets des différentes prises d'initiatives fait certainement partie des 20 % qui apportent 80 % de résultats positifs ! Mieux vaut donc revoir régulièrement ses priorités.

Étude de cas fictive

Un client vous propose de rédiger 4 articles de 1 000 mots par mois à 250 € chacun, soit 1 000 € par mois. Sur le papier, cela semble très intéressant. Vous acceptez cette mission, pensant que cela ne vous prendra que 4 à 8 demi-journées par mois.

Finalement, le client vous appelle presque tous les jours pour vous parler de son site web et de ses projets. Il souhaite avoir votre avis sur ses anciens articles, exige un planning éditorial, vous demande d'intégrer des images, d'analyser les statistiques. Lorsque vous lui envoyez vos textes, il demande systématiquement des retouches et vous oblige à utiliser des logiciels d'intégration de mots-clés très contraignants (qui, d'après-vous, ne permettent pas du tout d'amélioration SEO). Il attend des résultats rapidement, vous communique son stress, abîme votre confiance et fait baisser votre niveau rédactionnel puisque vous devez vous plier à des exigences qui n'ont pas de sens. Vous vous épuisez et ne prenez plus de plaisir dans ces missions. Cette collaboration vous prend finalement 2 h par jour, 21 jours par mois, soit 42 h, sans compter la partie rédactionnelle de base (2 à 4 jours), mais aussi le stress qui occupe votre esprit et aspire votre énergie pour les autres missions.

Ce client, qui devait représenter moins de 20 % de votre temps, génère plus de 80 % de votre stress.

La priorité dans ce type de cas est de trouver un autre client pour remplacer celui-ci, de manière à ce que ces 20 % d'investissement vous apportent 80 % de bénéfices… et pas l'inverse.

Gérer ses priorités revient à se délester des clients toxiques et chronophages au fil du temps pour ne sélectionner, peu à peu, que les missions les plus intéressantes (avec des entrepreneurs qui partagent les mêmes valeurs et la même façon de travailler que vous).

Être freelance présente l'avantage de pouvoir gérer son emploi du temps et ses clients comme on le souhaite, autant en profiter.

Définir ses priorités, c'est aussi faire le point sur ce que l'on désire à court, moyen et long termes. Voici quelques exemples de priorités que l'on peut trouver chez les entrepreneurs.

La priorité financière

1. Atteindre un chiffre d'affaires de *x* euros bruts par mois.
2. Investir dans de la formation pour m'améliorer et générer encore plus de chiffre d'affaires.
3. Choisir des missions qui me plaisent dans un second temps, lorsque j'aurai suffisamment de clients.

La priorité familiale

1. Me dégager du temps pour profiter de ma famille.
2. Choisir des missions et clients avec lesquels je me sens en harmonie pour que ma vie professionnelle n'empiète pas sur ma vie personnelle.

3. Générer un chiffre d'affaires correct pour vivre de la rédaction web tout en profitant de mes proches.

La priorité éthique

1. Ne choisir que des missions en accord avec mes valeurs et mon éthique, quelle que soit la rémunération.
2. Vivre de la rédaction web et générer un chiffre d'affaires de *x* euros bruts par mois, un an après avoir démarré le démarchage client.
3. Garder mes clients sur le long terme.

Pour résumer, la question est de savoir quelles sont ses priorités, puis de mettre en place ce qu'il faut pour atteindre ses objectifs ; sans oublier, de se protéger (CGV, contrats, assurances) et de se charger de tout l'aspect administratif (URSSAF, impôts, etc.). Ces deux points sont longuement abordés dans le chapitre 8.

Pour être rentable, le freelance est organisé ; la procrastination n'a aucune place dans son quotidien. L'indépendant sait travailler seul, respecte les dates butoir imposées par les clients et l'administration, anticipe les périodes très chargées comme les creuses. Il a une excellente capacité de concentration et sait gérer son stress.

Toutes ces compétences sont essentielles pour réussir dans le métier en entreprise individuelle.

Rédacteur web SEO : un rôle capital

Verba volant, scripta manent, cette locution latine peut se traduire par « les paroles s'envolent, les écrits restent ».

L'histoire nous a montré que quelles que soient les évolutions, l'écriture a conservé son rôle de communication, de transmission et de diffusion de la connaissance. Certains craignent que l'intelligence artificielle vienne remplacer l'écriture humaine, avec tout ce qu'elle a de plus beau, de plus riche et d'original… Certes, les intelligences artificielles peuvent produire des textes informatifs, neutres, à partir de données structurées, mais elles sont incapables de générer de l'émotion chez le lecteur. Les références subtiles, l'humour, les jeux de mots et les figures de style sont propres à l'histoire de chacun de nous.

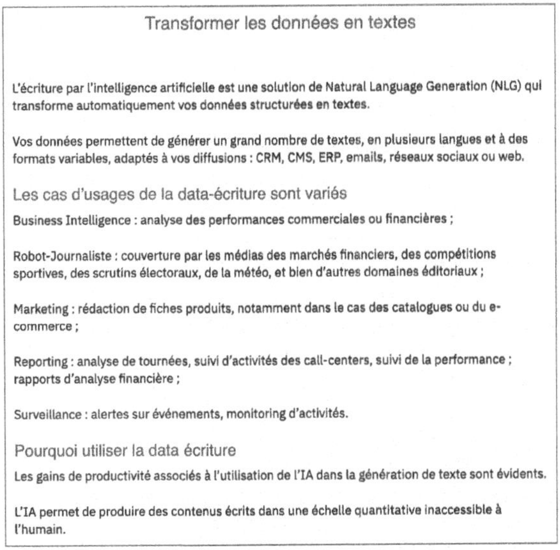
Transformer les données en textes

L'écriture par l'intelligence artificielle est une solution de Natural Language Generation (NLG) qui transforme automatiquement vos données structurées en textes.

Vos données permettent de générer un grand nombre de textes, en plusieurs langues et à des formats variables, adaptés à vos diffusions : CRM, CMS, ERP, emails, réseaux sociaux ou web.

Les cas d'usages de la data-écriture sont variés

Business Intelligence : analyse des performances commerciales ou financières ;

Robot-Journaliste : couverture par les médias des marchés financiers, des compétitions sportives, des scrutins électoraux, de la météo, et bien d'autres domaines éditoriaux ;

Marketing : rédaction de fiches produits, notamment dans le cas des catalogues ou du e-commerce ;

Reporting : analyse de tournées, suivi d'activités des call-centers, suivi de la performance ; rapports d'analyse financière ;

Surveillance : alertes sur événements, monitoring d'activités.

Pourquoi utiliser la data écriture

Les gains de productivité associés à l'utilisation de l'IA dans la génération de texte sont évidents.

L'IA permet de produire des contenus écrits dans une échelle quantitative inaccessible à l'humain.

Figure 3-5. Proposition commerciale de Demain AI, société qui propose des prestations de rédaction pour des intelligences artificielles.
(*Source* : https://www.demain.ai/offres/ecriture-de-textes-par-lintelligence-artificielle/)

En lisant l'offre commerciale de Demain AI, le rédacteur web professionnel comprend immédiatement que son travail n'est pas menacé par l'intelligence artificielle. Il est un artisan des mots tandis que l'IA crée du texte « au kilomètre »… et ce n'est pas le même travail ! L'intelligence artificielle se charge des contenus qui ne demandent aucune réflexion intellectuelle, des textes que, généralement, les rédacteurs n'aiment pas écrire. De plus, le rédacteur web échange avec son client, il écoute son histoire, fait en sorte de comprendre quelles sont ses valeurs et le message qu'il souhaite transmettre ; cette relation humaine ne peut pas avoir d'équivalent. Enfin, l'évolution d'Internet et les nombreuses mises à jour des algorithmes de Google ont fait prendre conscience aux professionnels du secteur que le contenu écrit ne peut plus être négligé. Les entreprises qui bâclent la rédaction de leurs pages sont certainement vouées à disparaître de la SERP, car Google ne les mettra plus en avant dans les années qui viennent. Plus le temps passe, plus le géant américain pénalise ce qui ressemble de près ou de loin à de l'automatisation de création de contenu.

L'heure est au contenu de qualité, bien balisé, avec une forte valeur ajoutée ; une aubaine pour les rédacteurs web.

Au cours de sa vie professionnelle, le rédacteur web écrira des centaines de milliers de mots, des centaines d'articles et de contenus qui seront publiés, puis lus par, peut-être, des centaines de milliers de gens, parfois des millions si le rédacteur fait un buzz ou travaille pour des magazines très populaires. Son rôle est donc capital et sa responsabilité importante. Pour créer du bon contenu, il doit impérativement chercher (et trouver !) des sources fiables. Un rédacteur peu consciencieux participera à la diffusion de fake news ou pire, au partage de mauvais conseils !

Exemple fictif pour bien comprendre l'impact sur la société d'un mauvais rédacteur

Un rédacteur peu consciencieux est engagé pour écrire un article sur les huiles essentielles. Ce dernier est pressé et ne fait pas de recherches poussées. Il rend un article dans lequel il recommande l'huile essentielle de menthe poivrée dans certaines circonstances, mais il omet de préciser qu'elle ne doit absolument pas être utilisée par les femmes enceintes ou allaitantes et les enfants de moins de 6 ans.

L'article est publié. Plusieurs lecteurs se basent sur cet article et ne font pas de recherches plus poussées, ils se servent de l'huile essentielle de menthe poivrée sans se soucier des risques encourus.

Par ailleurs, d'autres rédacteurs se basent sur cet article pour écrire leurs propres contenus, en reprenant les mêmes informations, susceptibles de mettre en danger la santé des lecteurs.

Ce type d'exemple fait peur et il suffit de se pencher sérieusement sur le contenu mis en ligne sur le Web pour constater l'ampleur du désastre.

La chasse au mauvais contenu doit être permanente et les bons rédacteurs web ont la responsabilité de publier des textes de qualité, extrêmement bien sourcés. Cela demande du temps, certes, mais c'est aussi pour cela qu'un bon rédacteur web ne propose pas les mêmes tarifs qu'un rédacteur exécutant qui réalise des prestations similaires, voire pire, que celles des intelligences artificielles.

La notion de responsabilité n'est pas vaine, elle est réelle et tout rédacteur web professionnel doit la garder en tête lorsqu'il écrit. Aucun texte ne doit être publié « à la va-vite », sans une pleine conscience des informations qui seront diffusées auprès d'un public souvent non averti.

Par ailleurs, au sein de l'entreprise et même s'il est freelance, le rédacteur porte les valeurs de la marque. Il donne le ton et guide le regard du lecteur. C'est lui qui va l'inviter à lire la suite ou l'ennuyer, l'inciter à cliquer vers une page de vente ou au contraire, sur la flèche de retour arrière ou une petite croix pour quitter le site.

À produit ou service égal, il est évident qu'un bon contenu l'emportera sur une page fade et mal rédigée, tant auprès de Google que de l'internaute.

Aborder le métier avec le bon état d'esprit

Le métier de rédacteur web SEO est assez nouveau. Auparavant, les entreprises se contentaient de demander aux employés qui avaient une jolie plume (ou pas d'ailleurs) d'écrire les pages du site et de gérer les réseaux sociaux. Dans certains cas, on leur confiait une liste de mots-clés ou on leur demandait d'utiliser un logiciel soi-disant capable de vérifier si le texte était bien optimisé. Ces pratiques sont en réalité encore très répandues, mais ceux qui les utilisent seront contraints, à un moment ou à un autre, de reconnaître qu'elles ne fonctionnent pas sur le long terme.

Le rédacteur web qui comprend cela est en mesure d'avancer plus sereinement, car il est préparé psychologiquement à recevoir des réponses négatives lors de sa prospection. Il entendra (ou lira) peut-être « je n'ai pas besoin de rédacteur, ma comptable écrit très bien, elle a eu la mention bien à son bac littéraire » ou encore « nous faisons appel à des rédacteurs off-shore qui font très bien l'affaire, ils savent placer des mots-clés là où il faut ».

Les prospects qui réagissent de cette manière sont certains d'avoir trouvé la bonne solution : une solution économique qui leur permet d'avoir beaucoup de contenu avec un minimum d'investissement financier. Quant aux résultats, ils ne s'en soucient pas… on leur a bien dit qu'ils arriveraient plus tard.

Les entreprises qui décident de travailler de cette manière sont vouées à disparaître des pages de résultats de Google et cela est bien dommage pour elles ! Un contenu pauvre, mal écrit, qui ne répond pas aux attentes des lecteurs et qui est mal balisé n'aura aucune chance de survivre dans le top 10 de la SERP de Google dans les années qui viennent. Le prospect qui refuse les services du rédacteur web SEO professionnel condamne son site à disparaître des moteurs de recherche, sauf bien sûr s'il décide de former ses salariés au référencement naturel.

On peut légitimement se demander pourquoi certains chefs d'entreprise réagissent de cette manière. La réponse est assez simple : de nombreuses sociétés communiquent massivement pour vanter les mérites des rédacteurs off-shore (on appelle aussi cela de la « rédaction au kilomètre »). Des logiciels présentés comme miraculeux sont vendus aux entreprises qui souhaitent optimiser leurs textes sans effort. Ainsi, le chef d'entreprise mal informé, pressé et/ou influençable préférera investir dans un logiciel à 200 € HT/mois que dans un rédacteur web SEO. Malheureusement pour lui, les résultats ne seront pas au rendez-vous : le logiciel est une dépense, le rédacteur web SEO est un investissement.

Mise en garde

On ne s'improvise pas rédacteur web SEO, c'est un vrai métier. Aussi, est-il nécessaire d'être réellement formé au SEO et d'avoir contribué à l'amélioration du positionnement de plusieurs contenus pour pouvoir prétendre apporter de vrais résultats aux clients.

Comprendre l'état d'esprit des clients et le contexte général semble impératif. Le bon rédacteur web SEO sait où il va, peut répondre aux exigences et parfois réticences des clients. Il connaît aussi la valeur et le sens de son travail, ce qui lui permet d'expliquer clairement en quoi il consiste.

On entend parfois des rédacteurs dire qu'ils n'osent ou ne savent pas « se vendre », mais ce qu'ils doivent vendre, ce sont leurs services ! Ils craignent de déranger le client en entrant en contact avec lui. Prendre du recul et accepter de promouvoir une compétence n'a rien d'intrusif. De nombreux entrepreneurs ont besoin de rédacteurs web sans le savoir et les approcher ne pourra que leur être bénéfique.

Si l'on reprend l'exemple du chef d'entreprise qui décide de déléguer la rédaction de ses textes à des employés qui n'ont aucune compétence en rédaction web SEO, on peut imaginer que ses dépenses ressemblent à ça.

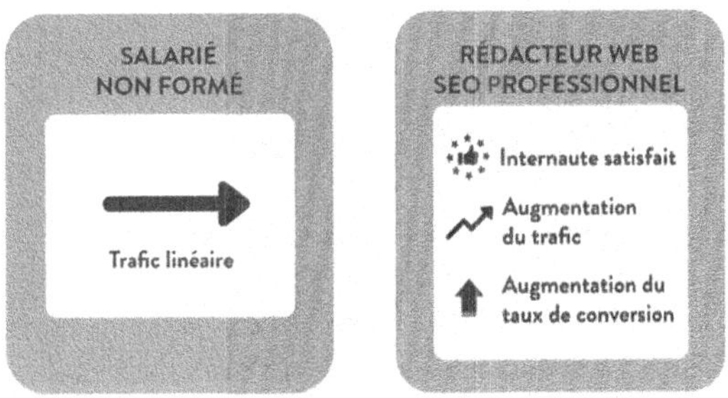

Figure 3-6. Un employé non formé à la rédaction web SEO ne peut pas obtenir les mêmes résultats qu'un professionnel. Investir dans un rédacteur web SEO est ROI (Return On Investment).

(*Source* : Lucie Rondelet – Formation Rédaction Web)

Le salarié non formé passe 10 h par semaine à rédiger du contenu. Il gagne 10 € net de l'heure, soit une dépense d'environ 18 €/h pour le chef d'entreprise.

18 × 10 = 180 €/semaine

180 € × 4 semaines = 720 €/mois

L'entreprise a investi en plus dans un logiciel à 200 €/mois.

Dépense totale : 920 €/mois

Au bout d'un an, le chef d'entreprise aura en principe peu de résultats et aura dépensé plus de 10 000 € dans la création de contenu écrit.

Il est évident qu'investir 10 000 € dans les services d'un rédacteur web SEO n'aura pas le même impact. Avec un tel budget, le client valoriserait son image de marque, apporterait du contenu de qualité aux internautes et verrait son trafic organique augmenter.

Avoir le bon état d'esprit, c'est prendre en compte les peurs, les a priori et les doutes des prospects. C'est savoir s'adapter et ne pas insister lorsque le client est fermé. Nous y reviendrons plus tard.

Chapitre 4

Rappels : les bases de la rédaction web

Particularités de la rédaction web

Les textes réalisés par le rédacteur web sont lus sur des supports digitaux : écrans d'ordinateur, tablettes, smartphones et parfois même, télévisions connectées. L'attention du lecteur n'est pas du tout la même que sur un support papier. La lumière bleue diffusée par les écrans fatigue les yeux, elle peut aussi générer des maux de tête. Les petits écrans de téléphone et la posture de celui qui lit, penché sur son écran, sont également à prendre en compte. Contrairement au lecteur de magazine papier ou de livre, le lecteur de contenu digital est généralement dans une position inconfortable à plusieurs égards.

Ajoutons à cela que la concentration de l'internaute est souvent altérée par le contexte physique (lecture dans les transports en commun, devant la télévision, dans une pièce bruyante) et aussi digital (notifications en tout genre, sonnerie, etc.).

Pour toutes ces raisons, le rédacteur web adopte un style spécifique : des phrases courtes, de la pédagogie, des mots assez simples, du dynamisme et de la fluidité. Ses textes sont aérés et faciles à lire (sans avoir à froncer les sourcils ou revenir en arrière pour comprendre la phrase).

Le rédacteur web n'écrit ni comme un auteur de best-seller ni comme un journaliste. Contrairement à l'écrivain, le rédacteur web ne cherche pas à créer un chef-d'œuvre ou à plaire à un maximum de personnes. Il n'a pas non plus pour ambition première de divertir ou de faire réfléchir. Ce n'est pas un journaliste non plus, car il ne fait pratiquement pas d'investigations et il ne cherche presque jamais la polémique.

L'actualité ne guide pas directement le travail du rédacteur web contrairement au journaliste.

Le rédacteur web écrit pour un client, qui lui-même a un objectif. Créer du contenu sur le Web est rarement anodin, on cherche à informer, certes, mais aussi et surtout à guider l'internaute vers un acte (d'achat, d'inscription, de découverte, etc.) par le biais du marketing de contenu.

L'inbound marketing expliqué simplement

Prenons l'exemple de sites e-commerce qui vendraient des paires de jumelles. Leur modèle économique est clair et sans ambiguïté : vendre des paires de jumelles.

- **Site A**

  Le site A publie uniquement du contenu pour présenter l'entreprise et les différents modèles de paires de jumelles. Il ne s'adresse qu'à des personnes ayant déjà pour intention d'en acheter : des prospects chauds qui savent ce qu'ils veulent et/ou cherchent des informations pour prendre leur décision finale.

  Ce site fait simplement office de vitrine et n'a pas pour vocation d'acquérir de nouveaux prospects froids.

  → Absence d'inbound marketing

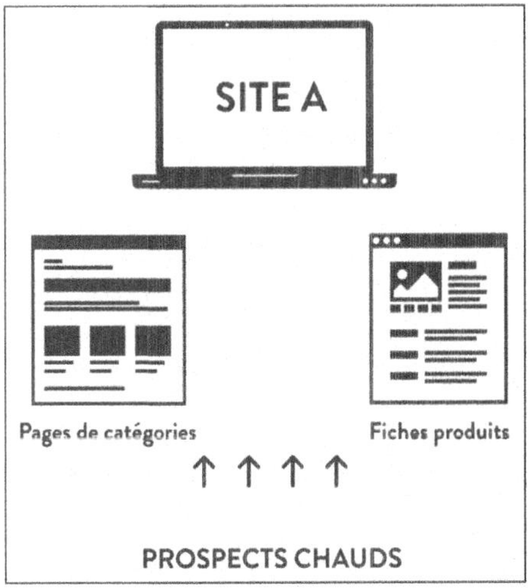

Figure 4-1. Le site e-commerce A ne touche QUE des prospects chauds (lesquels arrivent directement sur le site via les pages de catégories et les fiches produits).
(*Source* : Lucie Rondelet – Formation Rédaction Web)

- **Site B**

  Le site B souhaite se faire connaître et s'intéresse aux différents publics susceptibles d'acheter des paires de jumelles : pêcheurs, chasseurs, marins, voyageurs, sauveteurs, simples curieux, enfants, randonneurs, etc. Il décide de créer du contenu (articles de blog) pour apporter de la valeur aux internautes tout en les dirigeant vers ses produits par le biais d'ancres et de liens (maillage interne). Ainsi, dans son planning éditorial, le site B intègre et publie un article intitulé « Marmottes et chamois dans le parc des Écrins ». Aucune publicité n'apparaît au premier abord, pourtant, le visiteur peut terminer sa navigation sur une fiche produit de paire de jumelles… alors qu'il faisait des recherches sur les marmottes dans le parc des Écrins !

  Bien entendu, cela n'empêche pas le site de créer des pages de catégories pour ses produits, des pages de présentation de son entreprise et des fiches produits.

  → Présence d'inbound marketing

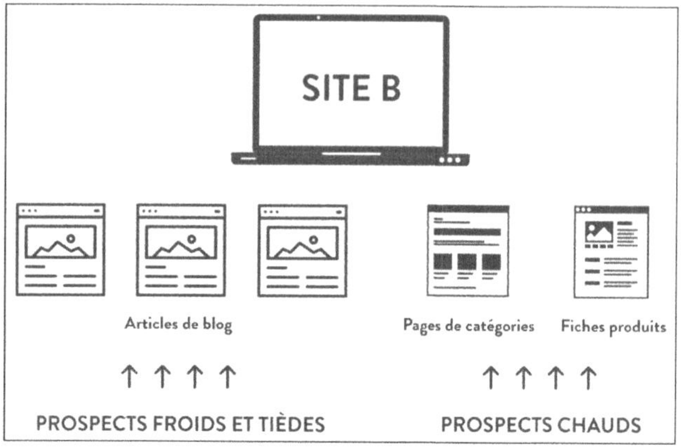

Figure 4-2. Le site e-commerce B touche à la fois des prospects chauds ET des prospects froids ou tièdes, lesquels arrivent via les articles de blog (en référencement naturel ou depuis les réseaux sociaux).
(*Source* : Lucie Rondelet – Formation Rédaction Web)

La particularité de la rédaction web est qu'elle est toujours guidée par un objectif.

Le style

Sur Internet, plus les contenus sont accessibles, plus ils sont faciles à lire et donc, agréables. On remarque que le style rédactionnel proche du langage parlé est davantage apprécié que les tournures complexes et alambiquées.

La longueur des phrases

Les phrases doivent être courtes. Ce n'est pas obligatoire, mais il est recommandé d'éviter de dépasser 23 mots. Le sujet a été évoqué précédemment : l'internaute butine, il se promène de page en page et n'est pas toujours dans un état de concentration avancé. Intégrer des phrases trop longues ou trop complexes dans des contenus web, c'est prendre le risque de perdre le lecteur et de le décourager.

Voici un exemple :

- Phrase longue (43 mots) :

  « Le géant de l'agroalimentaire Danone a annoncé jeudi avoir conclu un accord pour le rachat de la société américaine The WhiteWave Foods, spécialisée dans les produits laitiers bio et d'origine végétale et valorisée environ 12,5 milliards de dollars par l'opération. »
- Phrases courtes (deux phrases de 23 mots) :

  « Jeudi, le géant de l'agroalimentaire Danone a annoncé avoir conclu un accord pour le rachat de la société américaine The WhiteWave Foods (23 mots). Spécialisée dans les produits laitiers bio et d'origine végétale, l'entreprise est valorisée d'environ 12,5 milliards de dollars par l'opération (23 mots). »

La forme active et la forme passive

La forme active est par définition plus dynamique que la forme passive, elle est donc à privilégier lorsqu'on écrit pour le Web.

Voici un exemple.

- Phrase à la forme passive :

  « Les villes de Nagasaki et Hiroshima ont été touchées par la bombe atomique en 1945. »
- Phrase à la forme active :

  « La bombe atomique a touché les villes de Nagasaki et Hiroshima en 1945. »

L'introduction

L'introduction doit éveiller la curiosité de l'internaute et lui donner envie de lire l'article. Souvent, les lecteurs lisent l'introduction (parfois en diagonale) et scrollent la page pour regarder si les sous-titres sont intéressants, avant d'entamer une lecture complète. Si l'introduction n'est pas suffisamment attrayante, le visiteur risque de cliquer sur le lien de retour arrière et donc, de quitter la page. Pour éviter cela, mieux vaut :

- éviter le bla-bla, aller droit au but ;
- faire preuve d'empathie en prouvant au lecteur que l'article va répondre à son besoin d'information ;
- intégrer quelques promesses ;
- interpeller le lecteur si nécessaire (avec des questions).

Contrairement à ce que l'on peut penser, il est préférable de s'attarder sur l'introduction après avoir rédigé l'article. Cela permet de connaître parfaitement le contenu et de l'introduire correctement, sans fausses promesses ni bla-bla. Cette partie est sans conteste l'une des zones les plus importantes de l'article avec le titre principal et les intertitres ; une attention particulière doit y être apportée.

Voici deux exemples d'introduction. L'un est direct, il interpelle le lecteur et intègre une promesse, l'autre est plus long, moins abordable et plus difficile à lire.

- Exemple A : « Vous avez envie de vous mettre à l'éducation positive, mais vous ne savez pas comment vous y prendre ni par où commencer ? La papesse de la parentalité bienveillante (nom de l'expert) nous livre 4 conseils pour l'appliquer de manière simple et concrète. »

  → Ici, nous avons une mise en situation avec une interpellation du lecteur suivie directement d'une promesse.
- Exemple B : « Tous les parents ont le même objectif, le bien-être et l'épanouissement de leurs enfants. Pour cela, chacun a sa manière de s'y prendre. On peut affirmer sans se tromper qu'il existe de nombreux styles d'éducation parmi lesquels on vous incite à choisir la parentalité positive aussi appelée « éducation bienveillante. »

  Lors de ma certification d'accompagnante parentale avec (nom de l'expert), nous l'appelions « éducation créative ». Éducation positive, laisse à penser qu'il y a une éducation ou des comportements négatifs. Il y a juste des éducations ou des comportements inadaptés.

La parentalité créative s'oriente vers le constructif, le zen et bien entendu le positif. Elle amène les parents à réfléchir et à opérer autrement lorsque les problèmes pointent le bout de leur nez. Je vous donne ici 10 conseils pour pratiquer la parentalité positive, si en tant que parents, vous souhaitez vous aussi migrer vers l'éducation bienveillante. »

→ Dans cet exemple, le lecteur n'est pas interpellé, la promesse arrive tardivement et le style rédactionnel manque de légèreté.

L'introduction est souvent la partie la plus difficile à écrire pour un rédacteur web, mais le temps passé sur les quelques phrases qui la composent ne sera jamais perdu.

Conseil

Rédigez un premier brouillon d'introduction une fois la structure de l'article terminée. Écrivez votre article et laissez passer quelques heures, voire plus d'une journée, avant de revenir sur votre introduction. Une fois que vous aurez pris le recul nécessaire, retravaillez-la.

La technique de la pyramide inversée

La technique de la pyramide inversée est un grand classique en rédaction web. Ce style est spécifique à la lecture sur écran, il est adapté aux attentes des internautes (plus pressés, moins concentrés).

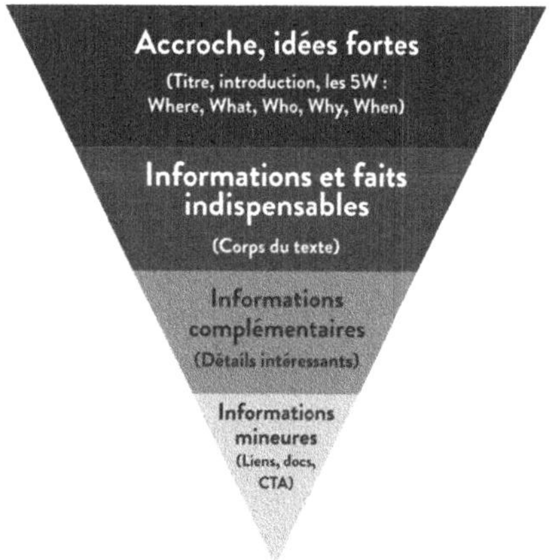

Figure 4-3. Technique de la pyramide inversée
(*Source* : Lucie Rondelet – Formation Rédaction Web)

Les temps

Le présent est en principe le temps le plus utilisé, mais on peut aussi s'adresser directement à l'internaute avec l'impératif, surtout en copywriting : « Cliquez ici pour... », « Commandez tout de suite votre... ». Bien entendu, le passé composé et l'imparfait peuvent s'avérer très pratiques pour raconter, par exemple, l'histoire d'une entreprise.

Pour rappel, on utilise l'imparfait pour poser un contexte (« C'était l'hiver... ») et le passé composé pour donner des détails (« Robert Martinez a acheté une maison bien isolée, avec une cheminée »).

On évite le passé simple et le subjonctif passé qui alourdissent le style. Voyez plutôt :

« Bien qu'elles fussent fraîchement diplômées, nous préférâmes engager des personnes expérimentées. » devient « Nous préférons les personnes expérimentées à celles fraîchement diplômées. ».

Il est tout à fait possible d'utiliser le présent et le futur pour parler d'événements passés.

« À 22 ans, alors qu'il vient de découvrir sa passion pour l'immobilier, Robert Martinez met toutes ses économies dans l'achat d'un mazet cévenol. Plus tard, il dira de cette aventure que (...). »

Le rédacteur web peut jouer avec les temps pour donner du relief à son texte et entraîner le lecteur dans son histoire. Cette technique est souvent utilisée en storytelling.

Le choix des mots (mots forts et mots faibles)

Les mots faibles sont des termes si génériques qu'ils ne permettent pas au lecteur de visualiser le propos. Trop abstraits, ils sont oubliés rapidement et n'incitent pas à l'action.

Privilégier les hyponymes

Dans un même champ sémantique, les mots peuvent être catégorisés du plus générique (hyperonyme) au plus spécifique (hyponyme). Dès qu'il est possible d'utiliser un terme plus précis, le rédacteur web doit l'employer. Par exemple, s'il connaît exactement le véhicule qu'il doit désigner, il préfèrera le terme « berline » à « voiture » ou « automobile ».

Éviter les pantonymes

Il doit aussi chasser de son vocabulaire les mots trop vagues, sans aucune signification précise. Ils sont familiers et parfois péjoratifs. Les plus connus sont « chose », « machin », « truc »...

Trouver des synonymes

Pour savoir si un mot est trop générique, il suffit de consulter une liste de ses synonymes. S'il en possède trop, mieux vaut en trouver un autre. Par exemple, synonymo.fr en répertorie 70 pour le verbe « avoir », alors qu'il n'en compte que 21 pour « détenir ».

Bannir les expressions faibles

Certaines expressions affaiblissent le message ou alourdissent le texte.

Les expressions toutes faites sont à éviter, par exemple :

- « **pour petits et grands** » ;
- « **qui a su se démarquer par sa singularité** » ;
- « **ravira toute la famille** » ;
- « **notre objectif est de vous satisfaire** » ;
- « **la qualité est notre priorité** » ;
- etc.

Elles ne sont pas spécifiques et n'apportent souvent aucune information au lecteur.

Le rédacteur doit éviter les formules qui induisent le doute : « il est possible que », « peut-être », « il se pourrait », etc. Ces formules peuvent être utiles dans certains cas, mais c'est assez rare. Le meilleur moyen d'éviter de partager un doute est de vérifier ses sources.

Utiliser le vocabulaire sensoriel

(Partie rédigée avec la contribution d'Anne Beckers.)

Le vocabulaire sensoriel ancre le sujet dans le réel. Le lecteur n'analyse pas uniquement le contenu avec son intellect, il le vit : il le touche, il le goûte, il le sent, il l'entend ou il le voit.

Une expression du langage familier en est un bon exemple : « ça pue » en évoquant une situation potentiellement désastreuse. On pourrait dire plus chastement « ça va mal se finir », mais « ça pue » est beaucoup plus frappant.

Conseil

N'hésitez pas à consulter les sites des grands parfumeurs. Ils font appel aux cinq sens du consommateur, et en particulier l'odorat, le toucher et la vue. Le vocabulaire est intéressant à étudier.

Voici quelques exemples de ces mots puissants qui induisent une perception sensorielle chez le lecteur.

TABLEAU 4-1 MOTS DU VOCABULAIRE SENSORIEL

Sens	Mots
Vue	Épier, admirer, lorgner, scène, bombé, sinueux, pointu, profond…
Toucher	Caresser, tripoter, effleurer, frôler, choc, brûlant, frais, satiné, lisse, râpeux, doux…
Odorat	Empester, humer, exhaler, répandre, fragrance, bouquet, pestilence, musqué, suave, piquant…
Goût	Savourer, déguster, se délecter, amertume, fumet, délicieux, acidulé, relevé, citronné, poivré…
Ouïe	Percevoir, entendre, plainte, rumeur, gémissement, étouffé, strident, sourd…

Employer des verbes forts

Certains noms sont trop génériques, mais c'est aussi le cas de quelques verbes, et en particulier :

- avoir et être ;
- faire ;
- mettre ;
- utiliser ;
- donner.

Ce sont des verbes abstraits et le lecteur est incapable de se représenter correctement l'action décrite. Un verbe plus évocateur doit s'y substituer lorsque c'est possible. Par exemple, « mettre » peut désigner beaucoup d'actions différentes : enfiler, poser, ranger, couvrir…

Les verbes « être » et « avoir » sont à éviter lorsqu'ils ne sont pas utilisés comme auxiliaires. On peut remplacer le verbe « **avoir** » par (liste non exhaustive) : posséder, bénéficier de, jouir de, recevoir, porter, être tenu de, obtenir, exercer, éprouver, entraîner, se procurer, se heurter à, remporter.

Voici quelques exemples.

« Elle **a** une belle collection de timbres. »	« Elle **possède** une belle collection de timbres. »
« Il **a** le soutien du comité. »	« Il **bénéficie** du soutien du comité. »
« Marie **a** une jolie robe rouge. »	« Marie **porte** une jolie robe rouge. »
« Nicerine **a** la mention très bien au baccalauréat. »	« Nicerine **obtient** la mention très bien au baccalauréat. »

On peut remplacer le verbe « **être** » par (liste non exhaustive) : devenir, habiter, loger, ranger, résider, se trouver, se situer, valoir, rester, se nommer, sembler, paraître, consister.

Voici quelques exemples de substitution également.

« Investir dans les cryptomonnaies **est** intéressant. »	« Investir dans les cryptomonnaies **devient** intéressant. »
« Le client **est** au Hilton. »	« Le client **loge** au Hilton. »
« La pharmacie **est** à côté de la boulangerie. »	« La pharmacie **se situe** à côté de la boulangerie. »

Il n'est pas nécessaire d'écrire de longues phrases ou de donner une multitude de détails pour être précis. Il suffit en réalité de bien choisir son vocabulaire.

Les termes mal employés

Il est assez fréquent de voir des termes mal employés sur le Web. En voici quelques exemples.

« Qualitatif » au lieu de « de qualité »

Exemple de faute courante : « Cet article sur le zéro déchet est qualitatif. »

À tort, « qualitatif » est employé au sens de « de qualité », comme dans cet exemple. Or, le terme signifie « qui relève de la qualité, de la nature de quelque chose » (définition Larousse), et s'oppose à « quantitatif ».

Une étude peut être qualitative parce qu'elle porte sur la qualité d'un produit. Mais un bon article de blog ne peut pas être qualitatif. Il est « de qualité », « pertinent » ou « à forte valeur ajoutée »…

« Malgré que » au lieu de « bien que »

Exemple de faute courante : « Malgré qu'il se soit engagé à participer au webinaire, il n'est pas venu. »

« Malgré que » est régulièrement employé au sens de « bien que ». Or, cet emploi, en plus d'écorcher les oreilles, est fautif. C'est « bien que » qu'il faut utiliser. La locution est toujours suivie du subjonctif (« bien qu'il se soit engagé à participer au webinaire, il n'est pas venu »).

« À l'intention de » au lieu de « à l'attention de »

Exemple de faute courante : « Note à l'intention de monsieur Durand ».

Formule administrative très usitée, « à l'attention de » indique le destinataire d'un document. L'erreur consiste à la remplacer par « à l'intention de », locution qui, quant à elle, signifie « pour, en l'honneur de » (« J'ai acheté une bague à l'intention de ma compagne pour nos fiançailles »).

« Vous partager » au lieu de « partager avec vous »

Exemple de faute courante : « Je vous partage mes meilleures astuces pour écrire plus vite. »

Cette expression est à la mode dans les vidéos YouTube et les articles de blog, sauf qu'elle est fautive. C'est « communique » ou « fais part de » qui devrait être employé dans cette construction. Sinon, il faut utiliser la préposition « avec » : « Je partage avec vous mes meilleures astuces pour écrire plus vite. »

« Interroger » ou « questionner » au lieu de « s'interroger » ou « se questionner »

Exemple de faute courante : « Ces changements récents interrogent sur les arrière-pensées du célèbre moteur de recherche. »

Les médias raffolent de cette formulation, pourtant elle est grammaticalement incorrecte. « Questionner » ou « interroger » sont des verbes transitifs directs et devraient être suivis d'un complément d'objet direct. Dans cet exemple, la bonne tournure est « Ces changements récents nous amènent à nous interroger sur les arrière-pensées du célèbre moteur de recherche. »

« Ceci » au lieu de « cela »

Exemple de faute courante : « Il est tombé ; ceci en raison d'une marche qu'il n'avait pas vue. »

« Ceci » annonce une chose qui va suivre, être dite ou écrite (« Écoute ceci : je vais démissionner »). « Cela » désigne une chose qui précède, vient d'être dite ou écrite. (« Je vais démissionner : il m'a dit cela tout à l'heure »).

« Mettre à jour » au lieu de « mettre au jour »

Exemple de faute courante : « Les archéologues ont mis à jour les restes d'une momie égyptienne. »

Ici, la locution correcte est « mettre au jour », qui signifie exhumer, mettre à la lumière du jour. « Mettre à jour » veut dire actualiser (mettre à jour une application) ou mettre en ordre pour ne pas avoir de retard (se mettre à jour dans son travail).

Utiliser des figures de style

L'analogie

Définition de l'analogie sur le site Larousse.fr

« Rapport existant entre des choses ou entre des personnes qui présentent des caractères communs ; ressemblance, similitude. Analogie de deux situations, entre deux situations, d'une situation avec une autre. »

Utiliser des analogies peut s'avérer particulièrement intéressant pour vulgariser certains propos et éviter ainsi de perdre le lecteur. On peut par exemple trouver des similitudes entre la séduction et le copywriting. Expliquer à un copywriter qu'il doit utiliser les mêmes techniques d'approche qu'un séducteur est assez parlant et bien plus simple que de s'attarder sur des notions de psychologie !

La comparaison

Les médias utilisent fréquemment la comparaison pour nous aider à comprendre des ordres de grandeur. En voici quelques exemples.

Figure 4-4. Exemple de comparaison utilisée pour faciliter la compréhension du lecteur. Ici, « deux terrains de foot brûlés chaque minute en 2020 » est bien plus explicite que « 8 500 km^2 ».

(*Source* : https://www.tdg.ch/lequivalent-de-deux-terrains-de-foot-brules-chaque-minute-en-2020-397715533645)

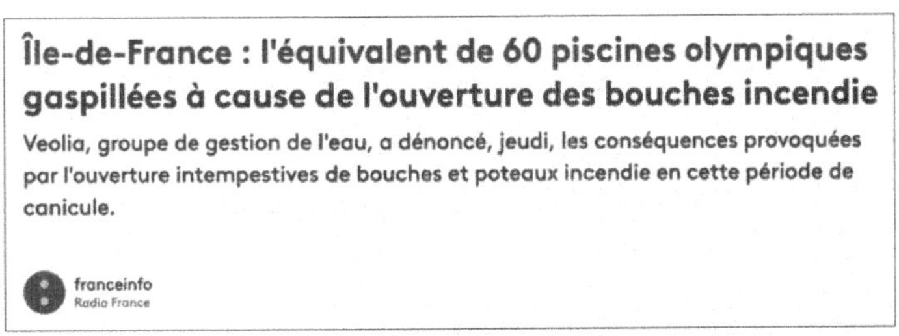

Figure 4-5. France Info utilise la comparaison pour faciliter la lecture.

(*Source* : https://www.francetvinfo.fr/meteo/canicule/ile-de-france-l-equivalent-de-60-piscines-olympiques-gaspillees-a-cause-de-l-ouverture-des-bouches-incendie_2249429.html)

Une vague de 23,8 mètres a été enregistrée dans l'océan Austral, au large de la Nouvelle-Zélande.

Les scientifiques ont mesuré ce qui pourrait être la plus haute vague jamais recensée dans l'hémisphère Sud, **un monstre de 23,8 mètres de haut**, soit l'équivalent d'un immeuble de huit étages.

Figure 4-6. Ici aussi, le média Sud Ouest fait appel à la comparaison pour donner un ordre de grandeur.

(*Source* : https://www.sudouest.fr/2018/05/11/une-vague-de-pres-de-24-metres-pulverise-le-record-pour-l-hemisphere-sud-5048291-4803.php?nic)

Le pléonasme

Définition du pléonasme sur le site Larousse.fr

« Répétition dans un même énoncé de mots ayant le même sens, soit par maladresse (par exemple, *descendre en bas*), soit dans une intention stylistique (par exemple, *Je l'ai vu, dis-je, vu, de mes propres yeux, vu* [Molière]). »

Les pléonasmes sont beaucoup plus utilisés qu'on ne le croit ! À l'oral, ils sont même fréquents. Vous devez en revanche être vigilant à l'écrit et les éviter pour ne pas alourdir vos textes. En voici quelques-uns :

- comme par exemple ;
- monter en haut ;
- descendre en bas ;
- marcher à pied ;
- prévoir à l'avance ;
- double alternative ;
- conjoncture actuelle ;
- voire même ;
- moi, personnellement, je… ;
- ainsi, par exemple ;
- car, en effet ;
- donc, par conséquent ;

- puis, ensuite ;
- mais, pourtant ;
- comparer entre ;
- au jour d'aujourd'hui ;
- il suffit juste ;
- apporter de la valeur ajoutée.

Utiliser le conditionnel + « peut-être » est également un pléonasme. En voici deux exemples :

« Nous devrions peut-être faire quelque chose » → « Nous devrions faire quelque chose » ou « Nous devons peut-être faire quelque chose ».

Le sujet et le verbe

On voit encore fréquemment des contenus qui perdent les lecteurs avec des phrases compliquées et incorrectes syntaxiquement.

Exemple : « Si le Gard est un département ensoleillé, les Français adorent se prélasser sur les berges du Gardon. »

Ici, il y a une incohérence entre la première partie de la phrase, dont le sujet est « le Gard » et la suite, qui change de sujet pour mettre en avant les Français.

L'emploi du « si » n'est pas correct et la virgule peut être remplacée par un point-virgule.

On obtient alors : « Le Gard est un département ensoleillé ; les Français adorent se prélasser sur les berges du Gardon. »

On peut aussi opter pour l'ajout de « d'ailleurs » en remplacement du point-virgule : « Le Gard est un département ensoleillé, d'ailleurs, les Français adorent se prélasser sur les berges du Gardon. »

L'importance de la virgule

« Et si on mangeait, les enfants ? »

« Et si on mangeait les enfants ? »

On le voit avec cet exemple, le placement des virgules peut être une question… de vie ou de mort ! Une virgule mal positionnée, et c'est le sens entier d'une phrase qui se trouve modifié. En plus de faciliter la compréhension d'un texte, la virgule donne du rythme. Bien la placer est donc indispensable pour produire des écrits fluides et agréables.

Voici les règles principales à retenir.

- Le sujet n'est jamais séparé de son verbe par une virgule. Exemple : « Pierre et Paul jouaient à la marelle dans la cour pendant que leur papa préparait le repas » (et non « Pierre et Paul, jouaient à la marelle dans la cour pendant que leur papa préparait le repas »).
- Une proposition incidente (élément inséré dans une phrase pour apporter une précision, un élément de contextualisation) est encadrée par des virgules. Si on l'enlève, la phrase conserve tout son sens. Mais pour que l'ensemble soit bien équilibré, chacune des parties doit être de longueur équivalente.

  Exemple d'incidente trop longue : « L'orchestre philharmonique de Nantes, installé pour cette représentation commémorative dans une vieille bâtisse en bois du XIXe siècle restaurée récemment, a rencontré un vif succès. »

  Phrase avec proposition incidente harmonieuse : « L'orchestre philharmonique de Nantes, installé dans une bâtisse en bois restaurée, a rencontré un vif succès. »
- Une subordonnée relative explicative est toujours précédée par une virgule. Ainsi, on n'écrit pas « Le perroquet jaune et bleu du 4e étage qui avait pris l'habitude de siffloter la Marseillaise dès 5 heures du matin exaspérait ses voisins », mais « Le perroquet jaune et bleu du 4e étage, qui avait pris l'habitude de siffloter la Marseillaise dès 5 heures du matin, exaspérait ses voisins. »
- Un complément circonstanciel ou un adverbe placé en tête de phrase doit être suivi d'une virgule. Exemple : « Demain matin, il a rendez-vous avec son avocat. Ainsi, il pourra lui communiquer les dernières pièces du dossier dans l'affaire dite "du perroquet". »

- La conjonction « et » n'est pas précédée d'une virgule lorsqu'elle unit deux termes de même valeur. Exemple : « Les kiwis et les clémentines sont mes fruits préférés. »

  Mais lorsqu'il y a risque d'équivoque, que l'on veut insister sur un élément de la phrase ou que les éléments à coordonner sont nombreux, elle est alors conseillée. Exemple : « Dans son panier de retour du marché, on trouvait des kiwis, des clémentines, des pommes, des poires, et des oranges. »
- La conjonction « mais » est la plupart du temps précédée d'une virgule, sauf si les éléments qui la suivent sont très brefs. Exemple : « La rédaction web semble simple à première vue, mais elle est en réalité plus complexe qu'il n'y paraît. »
- La conjonction « ni » s'accompagne d'une virgule lorsqu'elle est employée de manière triple. Exemple : « Sur cette vieille photo de famille, elle ne reconnaissait ni son père, ni sa mère, ni sa grand-mère. » Quand il n'y a qu'un ou deux « ni », la virgule est requise seulement pour mettre un terme en relief : « Sur cette vieille photo de famille, elle ne reconnaissait pas son père, ni sa mère d'ailleurs. »

Le placement correct des virgules peut sembler compliqué, surtout lorsque l'on débute en tant que rédacteur web. L'erreur fréquente consiste à ne pas en placer suffisamment dans une phrase ou, au contraire, à trop en mettre. Dans ce cas, une relecture à voix haute permet facilement de corriger les défauts de placement : le plus souvent, la virgule doit s'appliquer là où, à l'énonciation, une pause naturelle est marquée.

En cas de doute, Internet regorge de ressources pratiques à conserver précieusement dans ses favoris.

Le ton

En principe, le client donne le ton (dans tous les sens du terme !). Celui-ci dépend de l'entreprise et de l'image qu'elle veut dégager. On imagine mal un cabinet notarial tutoyer ses lecteurs sur un blog alimenté d'articles enthousiastes, ponctués de nombreux points d'exclamation. En revanche, ce ton enjoué sera adapté à un site dédié aux adolescents, par exemple.

Le ton est censé susciter une émotion chez le lecteur : de la joie, de l'envie, de la tristesse, de la frustration, de l'admiration, de la nostalgie, etc.

Le rédacteur web peut être amené à écrire des textes à différentes tonalités.

TABLEAU 4-2 EXEMPLES DE TONS

Enthousiaste	Vocabulaire positif qui transmet un sentiment de joie, d'envie.
Critique	Texte objectif si le rédacteur est impartial. Le vocabulaire est péjoratif lorsque la critique est négative, mélioratif lorsque la critique est positive.
Ironique	Utilisation du second degré pour dénoncer une situation. La critique est indirecte, mais comprise par le lecteur grâce au contexte.
Didactique	Explications neutres qui permettent d'enseigner ou d'instruire.
Injonctif/ impératif	Vocabulaire qui incite à passer à l'action. Utilisation de l'impératif et des points d'exclamation. Le ton injonctif est utilisé dans les pages et formulaires de vente, mais aussi dans les pétitions, par exemple.
Passionné	Le ton est enjoué et enthousiaste, le rédacteur réussit à communiquer l'intérêt (souvent subjectif) qu'il porte au sujet.
Pathétique	Le vocabulaire est dramatique et/ou romanesque, il décrit ou laisse entendre une souffrance. Le texte engendre une émotion chez le lecteur (souvent de la compassion).
Oratoire	Texte persuasif, partagé avec enthousiasme et entraînant l'adhésion du lecteur. Souvent utilisé dans les conférences et autres textes argumentatifs.

D'autres tons sont employés en ligne, mais ils sont davantage réservés aux journalistes, influenceurs et autres lanceurs d'alerte sur les réseaux sociaux (notamment sur Twitter) :

- alarmiste ;
- comique ;

- tragique ;
- lyrique ;
- épique ;
- polémique.

Les répétitions

Il n'est pas toujours évident d'éviter les répétitions, pourtant, c'est essentiel lorsqu'on rédige pour le Web. La richesse du vocabulaire est appréciée par les visiteurs et par les algorithmes de Google. Attention, cela ne signifie pas pour autant qu'il faut utiliser des mots compliqués, sauf dans le cas de rédactions techniques sur des sujets de niche, pour un public averti.

De manière générale, un rédacteur expérimenté fera moins de répétitions qu'un novice et cela s'explique notamment par la pratique.

Le meilleur moyen d'éviter de réutiliser des mots est de rechercher des synonymes (par exemple, Synonymo.fr est un dictionnaire de synonymes gratuit en ligne). Si aucun terme ne permet de garder le sens de la phrase, alors, mieux vaut la reformuler dans son intégralité.

Ce travail demande de l'entraînement.

La pédagogie

Pour rester accessibles tout en apportant de la valeur, les contenus publiés sur le Web se veulent pédagogiques. Le problème, c'est que la pédagogie n'est pas quelque chose d'inné. Le meilleur moyen de réussir à enrichir le lecteur est de s'interroger sur le texte que l'on écrit.

- Le contexte est-il posé en début d'article ?
- Le texte mène-t-il le lecteur d'un point A à un point B, en lui apportant des connaissances ?
- Si certains passages sont complexes, des exemples sont-ils donnés ?
- Le lecteur peut-il retenir facilement les informations fournies ?

Se poser ces questions lors de la relecture permet d'éviter de remettre des contenus creux, voire incompréhensibles, aux clients.

Tenir ses promesses

L'action de l'internaute qui clique sur un titre n'est pas anodine, en principe, ce dernier espère assouvir sa curiosité en en apprenant davantage sur un sujet qui l'intéresse ou une question qu'il se pose.

Prenons l'exemple d'un internaute qui tape « Comment préparer un semi-marathon ? » dans la barre de recherche de Google. Son intention est claire : il souhaite recevoir des conseils pratiques pour préparer une course. Imaginons maintenant qu'il clique sur le `title` : « Conseils pour préparer un semi-marathon » et que la structure de l'article soit la suivante :

- sous-titre 1 : « Qu'est-ce qu'un semi-marathon ? » ;
- sous-titre 2 : « Histoire du semi-marathon » ;
- sous-titre 3 : « Semi-marathon ou marathon : comment choisir ? » ;
- sous-titre 4 : « Mon expérience du semi-marathon ».

Dans ce cas précis, l'internaute sera-t-il satisfait ? Certainement pas, il sera frustré et devra opérer un retour en arrière pour retrouver la SERP et cliquer sur un autre résultat.

C'est ce que l'on appelle une mauvaise expérience utilisateur.

La structure attendue aurait pu ressembler à ceci pour répondre parfaitement à l'intention de recherche :

- sous-titre 1 : « Définir un nombre de semaines d'entraînement en fonction de son niveau » ;
- sous-titre 2 : « Programmer 10 semaines d'entraînement : cardio, fractionné, endurance et musculation » ;
- sous-titre 3 : « Bien s'alimenter avant un semi-marathon » ;
- sous-titre 4 : « S'équiper du matériel indispensable pour un semi-marathon ».

Engendrer une mauvaise expérience utilisateur est risqué à plusieurs égards.

- L'internaute quitte le site avec un sentiment amer et n'a pas envie d'y revenir.
- Les algorithmes des moteurs de recherche analysent ces comportements et, à moyen-long terme, pénaliseront les sites qui ne

répondront pas aux attentes des visiteurs (ce qui fera dégringoler leur positionnement).

Tenir les promesses annoncées dans un titre, c'est à la fois respecter l'internaute, optimiser l'article pour le référencement naturel et ne pas ternir l'image du client.

Le fil conducteur

Suivre un fil conducteur n'a rien de compliqué une fois que l'on a acquis les deux réflexes précédents, à savoir, être pédagogue et tenir ses promesses.

Il est fréquent de lire des articles au contenu complètement décousu sur Internet, on le voit notamment dans les billets de blog, mais aussi parfois sur des sites qui font appel à des rédacteurs web amateurs. En tant que lecteurs involontaires de ce type d'articles, nous sautons des paragraphes entiers du regard, en espérant trouver enfin les réponses à nos questions, et parfois, cela n'arrive jamais, ou alors, en toute fin d'article, après une myriade de conseils et d'anecdotes inutiles.

Le meilleur moyen de garder un fil conducteur est de préparer la structure de l'article avant de rédiger les paragraphes. Cette méthode permet de prendre de la hauteur et de vérifier que chaque point abordé est logique, va dans le sens du titre et de sa promesse. Lors de l'écriture des paragraphes, on peut s'interroger régulièrement sur le sens des phrases : ne s'éloignent-elles pas trop du sujet ? Y a-t-il des passages où l'on passe d'un sujet à un autre sans transition ? Le contexte est-il toujours clair ?

Conseil

Ann Handley (figure reconnue aux États-Unis dans le domaine de la rédaction web et du copywriting) recommande de se poser la question « So What? » après chaque phrase.

→ Interrogez-vous régulièrement sur la valeur que vous apportez à vos lecteurs en vous demandant « et donc ? ».

Enfin, chaque fin de paragraphe doit annoncer, explicitement ou implicitement, le bloc suivant.

La mise en page

Sur le Web, la mise en page doit être aérée et logique. Il n'est pas recommandé de créer des blocs de plus de 300 mots au risque qu'ils soient trop « indigestes » à la lecture. Cependant, sauter des lignes à chaque phrase n'est pas conseillé non plus. L'idéal est de hiérarchiser le contenu de façon pertinente, notamment avec des balises HTML. Nous verrons cela plus tard.

La typographie joue un rôle important dans l'apparence visuelle d'un texte. Elle se définit comme la « manière dont un texte est imprimé » (Le Robert) et participe à la lisibilité d'un écrit. Sauf à avoir suivi une filière scolaire spécifique, ses règles, nombreuses, ne s'apprennent pas à l'école. Au début de son activité, le rédacteur doit souvent redoubler d'efforts pour faire siens des principes dont il ne soupçonnait pas l'existence. Rapidement, il se souviendra qu'avant un signe de ponctuation double (? ! :, etc.), il y a une espace. D'ailleurs, au passage, il apprendra qu'en typographie le mot « espace » est féminin. Mais il se rendra vite compte qu'il doit aussi abandonner toute certitude et s'interroger souvent : « Comment s'abrège "troisième" ? », « Y a-t-il une majuscule aux noms des ministères ? », « Un titre de chanson s'écrit-il en italique ? » ou encore « Un nom de monument prend-il une majuscule ? ».

Heureusement, il existe de nombreuses ressources, à commencer par les deux bibles « papier » que sont *Le dictionnaire des règles typographiques*, de Louis Guéry et le *Lexique des règles typographiques en usage à l'Imprimerie nationale*. Mais le rédacteur web nomade, qui ne veut pas s'embarrasser avec des livres, trouvera également des ressources précieuses sur le Web, notamment celles de la *Banque de dépannage linguistique de l'Office québécois de la langue française*.

Les clients du rédacteur web attendent de lui des textes irréprochables, sur le fond comme sur la forme. Cela passe par une orthographe, une grammaire et une syntaxe impeccables, mais aussi par une typographie maîtrisée.

Le tableau 4-3 présente le b.a.-ba des règles de typographie.

TABLEAU 4-3 PRINCIPALES RÈGLES DE TYPOGRAPHIE

Signe de ponctuation		Règle
Virgule et point	, .	Pas d'espace avant, espace après
Points de suspension	...	Pas d'espace avant, espace après
Trait d'union et apostrophe	- '	Pas d'espace avant, pas d'espace après
Tiret d'incise	–	Espace avant, espace après
Point-virgule	;	Espace insécable avant, espace après
Point d'exclamation ou d'interrogation	! ?	Espace insécable avant, espace après
Deux-points	:	Espace insécable avant, espace après
Guillemets français ouvrants	«	Espace avant, espace insécable après
Guillemets français fermants	»	Espace insécable avant, espace après
Parenthèse ouvrante	(	Espace avant, pas d'espace après
Parenthèse fermante	)	Pas d'espace avant, espace après
Crochet ouvrant	[	Espace avant, pas d'espace après
Crochet fermant	]	Pas d'espace avant, espace après

Les erreurs courantes

Certaines erreurs reviennent souvent chez les rédacteurs web débutants. Voici un petit florilège des plus fréquentes (tous types d'erreurs confondus).

Ajout d'un « s » à « intérêt » dans « des centres d'intérêt »

Dans cette formulation, « intérêt » est générique : il s'agit de l'intérêt porté par quelqu'un à un ou plusieurs sujets. On l'écrit donc au singulier ⇒ « des centres d'intérêt ».

Absence de « s » à « chiffre d'affaires »

Dans l'expression « un chiffre d'affaires », « affaires » se met toujours au pluriel (car il y en a toujours plusieurs, du moins, on l'espère pour la santé financière de l'entreprise) ⇒ « un chiffre d'affaires », « des chiffres d'affaires ».

Ajout d'un « de » dans une phrase avec « dont »

Exemple : « C'est de cela dont il s'agit. » Le « dont » inclut déjà le « de » puisqu'il signifie « de qui », « de quoi ». Le répéter est donc un pléonasme ⇒ « C'est de cela qu'il s'agit. »

Expressions latines non francisées écrites en caractères romains

Les expressions latines non francisées s'écrivent en italique. Comment savoir si une expression est francisée ou non ? Si elle figure dans le dictionnaire, c'est qu'elle est francisée.

Exemple : *idem*, *bis*, *in fine*, *in extenso*, *vice versa*, *ad hoc*, *in extremis*, *via*, *grosso modo*... ne sont pas francisées, on les écrit en italique.

En revanche, critérium, requiem, vade-mecum, ultimatum, duplicata, duo, référendum, quatuor, erratum, solo, mémento… sont passées dans le langage courant et s'écrivent donc sans italique.

Majuscules non accentuées

Suivant son âge, il est possible qu'à l'école, le rédacteur web ait appris que les majuscules ne s'accentuent pas. Or, pour une meilleure compréhension, il est préférable qu'elles le soient.

« Et » en début de phrase

Une phrase courte commençant par « et » peut apporter du rythme et un certain effet à un texte, mais on évite d'en abuser (tout comme le « car » placé en tête de phrase d'ailleurs, qui alourdit le style).

Ajout d'un « s » aux verbes du premier groupe à la deuxième personne du singulier de l'impératif

Exemple : « Manges tes haricots ! »

À l'impératif, les verbes qui se terminent en « er » ne prennent pas de « s » à la deuxième personne du singulier ⇒ « Mange tes haricots ! »

Concernant le verbe « aller », la règle est la même (« Va acheter du pain »), sauf s'il est suivi du pronom « y » (« Vas-y »).

Absence d'espace insécable

Avant un signe de ponctuation double (? ! ; :) ou devant une unité, un symbole ou une monnaie, il faut utiliser une espace insécable. Elle évite que, dans le logiciel de traitement de texte, le signe ne se retrouve à la ligne suivante, séparé du mot auquel il se rapporte ⇒ « 37[espace insécable]% », « 45[espace insécable]€ », «As-tu pris tes affaires de piscine[espace insécable]? »…

Mauvaise typographie des points de suspension

Les points de suspension sont toujours au nombre de trois (ni deux, ni quatre, ni plus…) et ne s'écrivent pas en appuyant trois fois sur la touche point, mais à l'aide d'un caractère spécial (voir la section « Raccourcis clavier pratiques », page 99).

Absence de trait d'union entre un verbe à l'impératif et un pronom personnel

Exemple : « Faites le maintenant ! »

Un verbe à l'impératif suivi d'un pronom personnel comporte un trait d'union ⇒ « Faites-le maintenant ! »

Ponctuation des titres et des sous-titres

Les titres et les sous-titres ne se terminent pas par un point (la seule ponctuation acceptée est le point d'interrogation et, plus rarement, le point d'exclamation).

Utilisation des guillemets anglais au lieu des français

En rédaction web, on utilise les guillemets français (« »). Les guillemets anglais (“ ”) sont cependant nécessaires lorsqu'il y a une imbrication (par exemple, des guillemets à insérer dans une citation).

Mauvaise abréviation de la locution latine Et cætera

Exemple : « ect » ou « etc… »

Et cætera s'abrège « etc. » et, dans une phrase, est précédé d'une virgule ⇒ « Il aime tous les sports d'équipe : le rugby, le football, le handball, etc. » Quand « etc. » termine une phrase, le point abréviatif fait office de point final. Par ailleurs, « etc. » se place après une énumération. On n'écrit pas « Il aime tous les sports d'équipe : le rugby, etc. ».

Ajout d'un accent circonflexe aux verbes « dire » et « faire » au présent, à la deuxième personne du pluriel

Exemple : « Vous dîtes ; vous faîtes »

Il n'y a pas d'accent circonflexe aux verbes « dire » et « faire » au présent, à la deuxième personne du pluriel ⇒ «Vous dites ; vous faites »

Oubli du « ne » dans une négation

Exemple : « On oublie pas de se brosser les dents ! »

Une phrase négative se compose avec la locution adverbiale « ne… pas » ⇒ « On n'oublie pas de se brosser les dents ! »

Emploi de la préposition « sur » en lieu et place de « à »

Exemple : « Elle vit sur Paris. »

Il s'agit d'un abus de langage. L'Académie française est formelle : « La préposition “sur” ne peut traduire qu'une idée de position, de supériorité, de domination, et ne doit en aucun cas être employée à la place de “à” ou de “en” pour introduire un complément de lieu désignant une région, une ville et, plus généralement, le lieu où l'on se rend, où l'on se trouve. » ⇒ « Elle vit à Paris. »

Pour terminer cette partie sur les erreurs courantes, abordons ce que l'on appelle les « tics d'écriture » dans l'espace « Conseil ».

Conseil

Si vous prêtez attention à votre manière de rédiger, vous allez rapidement vous rendre compte que certains mots reviennent souvent dans vos textes ou que vous avez tendance à commencer vos phrases, vos paragraphes, toujours de la même manière. Il est important de prendre conscience de ces tics et d'essayer de varier le plus possible vos formulations et votre vocabulaire, au risque de lasser le lecteur ou d'appauvrir vos textes. On peut citer par exemple le verbe « permettre », qui, si l'on n'y prend pas garde, s'inviterait volontiers dans de (trop) nombreuses phrases, mais la liste est longue et surtout, elle est propre à chacun. Amusez-vous à relire vos derniers écrits (peu importe leur nature) et à identifier vos petites manies scripturales. Notez-les et gardez-les près de vous pour vos prochaines rédactions, en essayant de ne pas les utiliser (ou alors, avec modération).

Les balises HTML indispensables

Nul besoin de savoir « parler » le HTML pour rédiger pour le Web. Le rédacteur web n'est pas un développeur. Néanmoins, il doit connaître quelques éléments de code HTML pour mener à bien ses missions, car certains clients peuvent lui commander des textes avec balises.

Mais qu'est-ce que le langage HTML ?

HTML signifie *HyperText Markup Language*. Ce langage spécifique permet de mettre en forme le contenu de toute page web dans un navigateur, grâce à des balises qui indiquent les titres, les mots en gras, les liens hypertextes… Le contenu brut (texte + balises) est d'abord intégré dans un CMS (*Content Management System*, système de gestion de contenu en français). Le navigateur web l'interprète ensuite, pour l'afficher avec la mise en forme souhaitée. Notons que le balisage HTML est aussi lu par les robots des moteurs de recherche et leur permet de comprendre la structure d'une page web en un coup d'œil (si tant est qu'ils aient des yeux…).

Sauf rares exceptions, les balises HTML fonctionnent par paire : ouvrante et fermante. Elles sont placées à l'intérieur de chevrons (< >), qui encadrent un mot (ou groupe de mots) ou un titre. La balise fermante comporte un signe typographique supplémentaire, le slash (`</>`).

Prenons un exemple. Imaginons que dans la phrase suivante, « Le rédacteur web connaît les principales balises HTML », nous voulions faire apparaître le groupe nominal « principales balises HTML » en gras. Voici comment nous devrions baliser le texte : « Le rédacteur web connaît les **<strong>**principales balises HTML**</strong>** ». Dans le navigateur, la phrase apparaîtra ainsi : « Le rédacteur web connaît les **principales balises HTML.** »

C'est aussi simple que cela !

On le voit avec cet exemple, les balises sont toujours accolées aux mots qu'elles précèdent ou suivent, et ce, sans espace.

Les principales balises HTML à connaître sont regroupées dans le tableau 4-4.

TABLEAU 4-4 PRINCIPALES BALISES HTML

Nom de la balise	Fonction de la balise	Illustration du balisage
<title>	Titre de l'article, qui apparaît dans la SERP	<title>Ceci est un titre</title>
<h1>	Titre de premier niveau d'une page web	<h1>Ceci est un titre 1</h1>
<h2>	Titre de deuxième niveau d'une page web	<h2>Ceci est un titre 2</h2>
<h3>	Titre de troisième niveau d'une page web	<h3>Ceci est un titre 3</h3>
<h4>	Titre de quatrième niveau d'une page web. Les balises <hn> vont jusqu'à <h6>, mais il est rare de rencontrer des <h5> et <h6>.	<h4>Ceci est un titre 4</h4>

Nom de la balise	Fonction de la balise	Illustration du balisage
`<p>`	Paragraphe : facultative, l'utilisation de cette balise reste vivement conseillée, car elle améliore l'accessibilité des pages web pour les personnes malvoyantes.	`<p>Ceci est un paragraphe</p>`
`<strong>`	Gras	`<strong>Ceci est une phrase en gras</strong>`
`<em>`	Italique	`<em>Ceci est une phrase en italique</em>`

`<ul>` et `<li>`	Liste d'éléments (`<ul>` est à remplacer par `<ol>` pour les listes numérotées).	`<ul>Ceci est une liste à puces :`
		`<li>item 1 ;</li>`
		`<li>item 2 ;</li>`
		`<li>item 3.</li>`
		`</ul>`

`<a>` + attribut `<href>`	Lien hypertexte	`<a href="URL du site de destination">ancre du lien</a>`

S'il est important pour le rédacteur web de savoir placer les balises HTML manuellement et d'être capable d'identifier d'éventuelles erreurs de balisage, pour gagner du temps, il peut utiliser des outils en ligne ou installer des modules complémentaires sur son navigateur web. De la sorte, il balise un texte entier en un clic, ce qui lui permet de se concentrer sur l'essentiel, le fond de son contenu.

Raccourcis clavier pratiques

Le rédacteur web freelance cherche à gagner du temps pour améliorer sa productivité, car plus il rédige vite, mieux il gagne sa vie. L'utilisation des raccourcis clavier fait partie des astuces toutes simples qui lui permettent d'aller plus vite au quotidien.

Un raccourci clavier est une combinaison de touches qui active une commande, sans avoir à passer par le menu. Avant de les passer en revue, il est important de préciser que les commandes varient selon le type d'ordinateur utilisé : PC ou Mac. Sur PC, les combinaisons s'effectuent au moyen de la touche Ctrl ou du logo Windows, tandis que sur Mac, c'est avec les touches Option et Cmd (ancienne touche Pomme ⌘).

TABLEAU 4-5 LES RACCOURCIS BASIQUES

Fonctionnalité	Commande sur PC	Commande sur Mac
Copier du texte	Ctrl + C	Cmd ⌘ + C
Couper du texte	Ctrl + X	Cmd ⌘ + X
Coller un texte copié ou coupé	Ctrl + V	Cmd ⌘ + V
Mettre du texte en gras	Ctrl + B	Cmd ⌘ + B
Mettre du texte en italique	Ctrl + I	Cmd ⌘ + I
Annuler la dernière action effectuée	Ctrl + Z	Cmd ⌘ + Z
Sélectionner l'intégralité d'une page	Ctrl + A	Cmd ⌘ + A
Imprimer	Ctrl + P	Cmd ⌘ + P
Sauvegarder	Ctrl + S	Cmd ⌘ + S
Faire une recherche dans un document ou une page web.	Ctrl + F	Cmd ⌘ + F
Capture d'écran	Touche Impr écran	– Cmd ⌘ + maj + 3 pour faire une capture de l'intégralité de l'écran. – Cmd ⌘ + maj + 4 pour sélectionner une partie de l'écran seulement.

TABLEAU 4-6 LES RACCOURCIS QUI GAGNENT À ÊTRE CONNUS POUR ALLER ENCORE PLUS VITE

Fonctionnalité	Commande sur PC	Commande sur Mac
Faire apparaître le clavier émoji	Touche Windows + point-virgule	Ctrl + Cmd ⌘ + barre d'espace
Ouvrir un nouvel onglet	Ctrl + N	Cmd ⌘ + T
Insérer un lien hypertexte	Ctrl + K	Cmd ⌘ + K
Copier la mise en forme	Ctrl + Maj + C	Cmd ⌘ + Maj + C
Coller la mise en forme	Ctrl + Maj + V	Cmd ⌘ + Maj + V
Reproduire la même action	F4	Cmd ⌘ + Y

TABLEAU 4-7 LES CARACTÈRES SPÉCIAUX : DES COMBINAISONS À APPRENDRE PAR CŒUR POUR UN MAXIMUM D'EFFICACITÉ

Fonctionnalité	Commande sur PC	Commande sur Mac
Guillemet français ouvrant	Alt + 0171	Option + è
Guillemet français fermant	Alt + 0187	Option + Maj + è
É	Alt + 0201	Maj + é
È	Alt + 0200	Maj + è
Ê	Alt + 0202	Accent circonflexe + Maj + e
À	Alt + 0192	Maj + à
Ç	Alt + 0199	Maj + ç
œ	Alt + 0156	Option + o
Points de suspension	Alt + 0133	Option + point
Tiret demi-cadratin	Alt + 0150	Option + Maj + tiret
Point médian	Alt + 0183	Option + Maj + F
Barre verticale	Alt Gr + 6	Option + Maj + L

(Concernant les majuscules accentuées, sur Mac il est possible que la combinaison indiquée dans le tableau ne fonctionne pas : dans ce cas, il suffit d'activer la touche Maj et d'appuyer longtemps sur la lettre voulue pour faire apparaître le menu des accents.)

Conseil

Notez ces raccourcis et gardez-les à proximité de votre ordinateur pour vous éviter d'avoir à chercher et donc, de perdre du temps. À force de les utiliser, vous allez mémoriser les plus courants et bientôt, n'aurez plus besoin de pense-bête.

CHAPITRE 5
Utiliser le copywriting

Le rédacteur écrit pour les autres, il rédige généralement pour des entreprises qui investissent dans son travail dans l'espoir de générer davantage de chiffre d'affaires. De ce fait, le rédacteur web est engagé afin d'augmenter le taux de conversion du site, directement ou indirectement… ce qui fait de lui un copywriter !

Mais qu'est-ce que le copywriting exactement ?

Le copywriting est une technique de marketing (digital ou *print*) qui consiste à écrire des contenus engageants, c'est-à-dire des textes qui invitent à passer à l'action. Sur le Web, passer à l'action se matérialise par le fait de cliquer sur un bouton d'achat, de remplir un formulaire en laissant son adresse e-mail ou de répondre à un sondage, par exemple. Les meilleurs copywriters peuvent aussi écrire des slogans et sont souvent spécialisés dans les pages de vente. En France, le copywriting est encore assez peu développé et la plupart des entreprises qui proposent ces prestations se concentrent sur les pages de vente et les formulaires de paiement. Pourtant, le copywriting peut être absolument partout, car la décision d'achat est le plus souvent réfléchie. Mêler rédaction web et copywriting permet de créer une excellente stratégie d'inbound marketing. Souvenez-vous, nous avions expliqué l'inbound marketing précédemment avec l'exemple d'un site e-commerce proposant des paires de jumelles et publiant des articles sur les randonnées, la chasse, etc.

Le rédacteur qui maîtrise le copywriting est particulièrement convoité puisqu'il contribue à l'augmentation (parfois considérable) du chiffre d'affaires de son client.

Voici un exemple simple pour comprendre l'impact que peut avoir un copywriter sur les résultats de la société qui l'engage.

Un thérapeute propose une formation en ligne à 1 000 € et sa page de vente reçoit 100 visites par jour, soit 3 000 visites par mois. Le taux de conversion (c'est-à-dire le pourcentage de personnes qui achètent son produit depuis la page de vente) est de 0,5 %. Dans ce cas, le chiffre d'affaires du thérapeute est de : 3 000 (visites) × 0,5 % (taux de conversion) × 1 000 € (prix de vente) = 15 000 €/mois.

En travaillant la page de vente, le rédacteur/copywriter peut envisager assez raisonnablement d'augmenter le taux de conversion de cette page de 0,5 %, ce qui revient ici à doubler le chiffre d'affaires. Autrement dit, en travaillant uniquement la page de vente, le rédacteur/copywriter peut faire gagner 15 000 € par mois à son client de chiffre d'affaires, soit 180 000 € par an. Si le client rémunère le copywriter 10 000 € pour une page de vente, il restera largement gagnant.

Les excellents copywriters sont donc très convoités.

Attention, prendre du recul sur tout cela est néanmoins nécessaire, car il ne suffit pas de réaliser une bonne page de vente pour vendre un produit. Dans l'exemple cité, cela ne pourrait fonctionner qu'à condition que le thérapeute ait déjà un minimum de notoriété, d'autorité et de reconnaissance. Il faudrait également que le produit réponde à un besoin et qu'il soit aligné avec l'histoire de son créateur. Un kinésithérapeute reconnu dans son domaine qui proposerait une formation en horticulture aurait peu de chances de réussir à vendre son produit. Il en va de même avec les produits qui n'ont aucune utilité : le meilleur copywriter du monde ne peut pas faire de miracles.

Le copywriting ne se résume pas à la rédaction d'une page de vente, cela va beaucoup plus loin.

Les qualités du bon copywriter

Curieux et adaptable

Le copywriter est capable de se fondre dans l'univers de son client. Pour cela, il prend le temps de s'intéresser à l'histoire de la marque ; il connaît chaque étape de sa création sur le bout des doigts, de l'idée initiale à l'actualité du moment. Aucune anecdote ne lui échappe : réussites et échecs de l'entreprise, profil de son créateur, valeurs, points forts et points faibles. Il s'intéresse également à la concurrence, ce qui lui permet de présenter le produit avec un maximum d'objectivité.

Fin psychologue

Les entreprises ont longtemps cru que les consommateurs achetaient leurs produits grâce à un processus de réflexion rationnel. Ce n'est qu'à moitié vrai. Avec le développement du neuromarketing, les chercheurs se sont rendu compte que l'émotion jouait un rôle important dans la prise de décision. Les textes qui suscitent des émotions sont plus susceptibles de vendre que ceux qui restent neutres sur le plan émotionnel. C'est d'ailleurs pour cette raison que le terme copywriting est souvent associé à la manipulation… Que doit-on en penser ? Est-ce une réalité ? Oui et non. Le copywriter est avant tout un fin psychologue, car il réussit à comprendre où son client veut aller et quel public il souhaite toucher. On vient de le voir, il va également inscrire le produit ou le service dans une offre globale, tout en anticipant les réticences des consommateurs et les arguments de la concurrence. Pour cela, il va analyser les besoins, les envies, le contexte, les tendances et les influences (entre autres). Bien sûr, il se penchera sur le profil du client type, appelé aussi « persona ».

Le texte travaillé du copywriter va emmener le lecteur vers l'achat en levant toutes ses objections. La méthode AIDA est reconnue comme étant extrêmement efficace en copywriting.

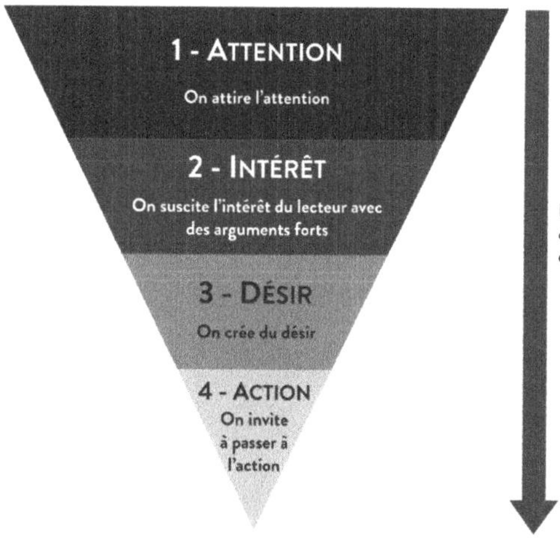

Figure 5-1. Pyramide de la méthode AIDA
(*Source* : Lucie Rondelet – Formation Rédaction Web)

1. On attire l'attention.
2. On suscite l'intérêt du lecteur avec des arguments forts.
3. On crée du désir.
4. On invite à passer à l'action.

Pour que l'émotion puisse jouer son rôle, le copywriter identifie le problème que le produit ou le service résout et y associe un sentiment. Selon le psychologue Robert Plutchik (inventeur de la roue des émotions), il existe huit émotions fondamentales : la joie, la confiance, la peur, la surprise, la tristesse, le dégoût, la haine et l'anticipation. Ces catégories générales regroupent des sentiments plus intenses. Ainsi, la joie peut viser l'amitié, l'amour, la famille, la réussite…

Avec cette approche, le copywriter emporte le lecteur, lève ses objections et fait en sorte de lui donner une envie irrésistible d'acheter le produit, la frontière entre psychologie et manipulation est donc assez mince. Notons cependant que le rédacteur freelance est libre de choisir les personnes avec lesquelles il travaille et les produits qu'il met en avant.

Rédacteur hors pair

Cela nous amène à la dernière qualité du copywriter : son talent pour l'écriture. Il ne suffit pas de comprendre la psychologie pour créer un bon texte, il faut aussi et surtout être capable de l'exprimer à l'écrit. Créer une émotion chez le lecteur demande une grande dextérité ; c'est aussi un travail de longue haleine qui impose d'écrire un brouillon, de prendre du recul, de réécrire le texte, de le peaufiner. Il n'est d'ailleurs pas rare que le copywriter soit amené à rédiger deux textes, puis à les confronter à l'aide de l'A/B testing.

Qu'est-ce que l'A/B testing ?

L'A/B testing est une procédure utilisée en marketing qui permet de mesurer l'impact d'un changement de version d'une variable sur l'atteinte d'un objectif (clic, validation, remplissage d'un formulaire, etc.). Au sens strict, un test A/B permet de tester 2 versions de la variable, un test A/B/C 3 versions, etc.

(*Source* : https://www.definitions-marketing.com/)

Certains termes incitent au clic et à l'action, car ils révèlent l'urgence, le gain ou le besoin. Ils sont le plus souvent placés dans les titres et les pages de vente. Les plus courants sont :

- gratuit ;
- facile ;
- simple ;
- immédiatement ;

- maintenant ;
- limité ;
- exclusif ;
- stupéfiant ;
- secret ;
- surprenant.

Ces mots sensationnels peuvent donner l'impression d'un texte racoleur et/ou peu sérieux. Il est donc préférable de les utiliser avec parcimonie.

Ce que l'on retiendra de ce chapitre, c'est que le rédacteur web est un copywriter malgré lui (sauf s'il écrit uniquement des textes informatifs, sans aucun objectif de rentabilité) et que le copywriter est avant tout un excellent rédacteur web.

Chapitre 6

Comprendre le référencement naturel

Qu'est-ce que le référencement naturel ?

Nous l'avons vu en abordant les différentes sources de trafic, le référencement naturel est une technique qui permet d'apparaître dans les résultats (idéalement les premiers) des moteurs de recherche sans avoir à investir dans de la publicité. Pour rappel, il existe deux types de marketing sur les moteurs de recherche :

- le référencement naturel (SEO) ;
- les liens sponsorisés (SEA).

Les résultats dits « organiques », naturels, apparaissent sans la mention « Annonce ».

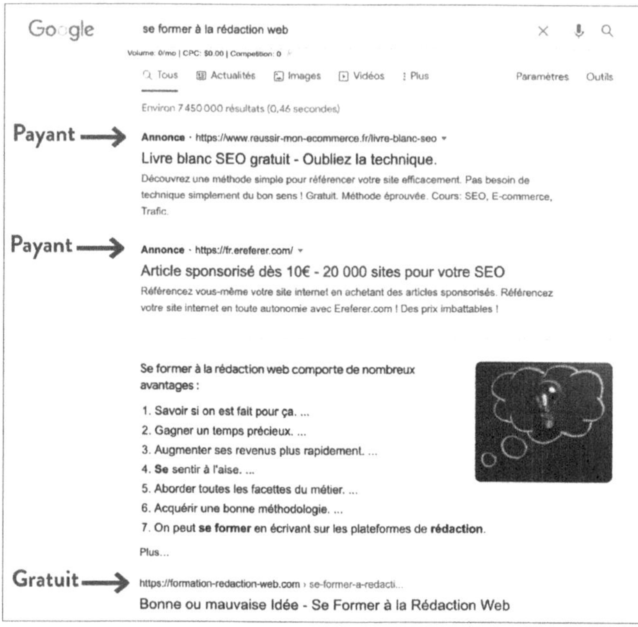

Figure 6-1. Exemples de résultats payants (avec la mention « Annonce ») et gratuits (sans la mention)
(*Source* : Google)

Ici, on constate que les deux premiers résultats proposés sont sponsorisés puisqu'il est écrit « Annonce » avant l'URL, tandis que le troisième résultat, qui apparaît d'ailleurs en extrait optimisé, est finalement le premier vrai résultat organique, il s'agit de la première position en référencement naturel.

Le jour où aucune entreprise ne paiera de campagne Google Ads pour apparaître sur la requête clé « se former à la rédaction web », alors, le premier résultat organique repassera en première position générale, et ce, sans dépenser un euro (à condition, bien entendu, de ne pas se faire doubler par un concurrent sur cette requête clé).

Travailler le référencement naturel d'un site revient à construire un patrimoine solide, c'est un investissement sur le long terme. En revanche, ceux qui achètent de la publicité ne reçoivent des visites que le temps de leur campagne et disparaissent dès que leur budget se tarit. De plus, certains internautes préfèrent cliquer sur les résultats naturels et évitent les URL où la mention « Annonce » apparaît. Cela ne signifie pas pour autant que le SEA ne sert à rien ! L'important en stratégie digitale est de varier ses sources de trafic de manière à ne pas dépendre d'un seul système.

Quelques chiffres intéressants :

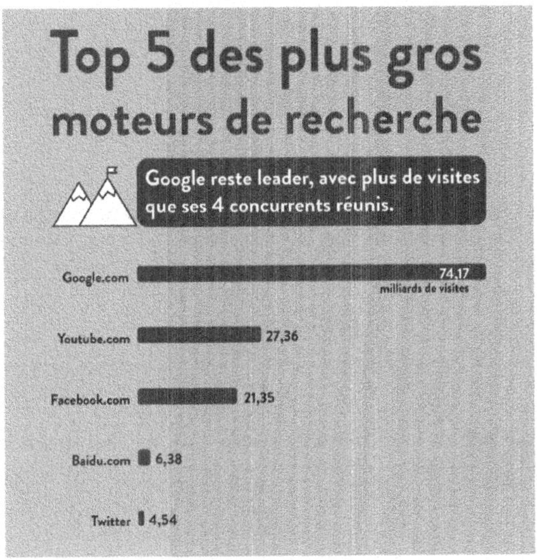

Figure 6-2. À l'échelle internationale, le moteur de recherche Google reçoit plus de trafic que tous les autres leaders réunis. (*Source* : similarweb.com, 2020)

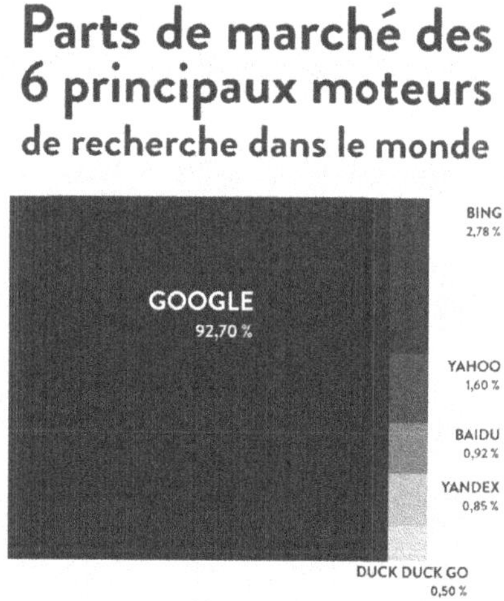

Figure 6-3. Le géant Google occupe 92,7 % du marché dans le domaine des moteurs de recherche (ne sont pas pris en compte les moteurs de recherche spécifiques comme ceux de Facebook ou Amazon).
(*Source* : gs.counter.com)

À retenir :

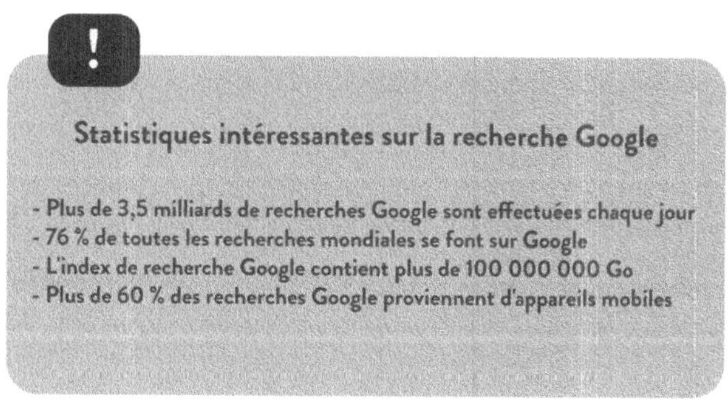

Figure 6-4. Statistiques intéressantes pour le rédacteur web
(*Source traduite* : https://firstsiteguide.com/google-search-stats/)

Pourquoi les moteurs de recherche favorisent-ils certains sites web ?

Les moteurs de recherche aiment et valorisent les sites qui :

- présentent une architecture propre ;
- sont bien balisés ;
- publient des contenus attractifs, avec une forte valeur ajoutée ;
- sont actifs sur différents supports (notamment les réseaux sociaux) ;
- sont dynamiques (fréquence de publication élevée et régulière) ;
- contiennent des images et des vidéos en plus des contenus écrits ;
- répondent aux attentes et aux questions des internautes ;
- ont une bonne vélocité (vitesse de chargement des pages) ;
- sont appréciés des lecteurs et partagés ;
- obtiennent de nombreux backlinks de qualité.

Aujourd'hui, avec la prise en compte de l'EAT *(Expertise, Authoritativeness, Trustworthiness)*, c'est-à-dire « expertise, autorité, confiance » en français, le SEO prend également en compte le profil du créateur de site, sa notoriété, son expertise et sa fiabilité. En d'autres termes, si deux sites sont construits et alimentés de la même manière, celui d'un expert reconnu dans son domaine aura plus de chances de voir son site apparaître dans les premiers résultats de Google que celui d'un illustre inconnu.

Certains points beaucoup plus techniques peuvent également expliquer la position d'un site, comme la prise en compte du sitemap ou encore, le certificat SSL. Mais ces détails ne sont pas censés être travaillés par le rédacteur web SEO freelance, donc nous ne nous y attarderons pas.

Ce qu'il faut comprendre et retenir, c'est que l'intérêt des moteurs de recherche est de proposer des résultats pertinents afin que les internautes ne partent pas chez la concurrence. Un utilisateur heureux et satisfait est généralement un utilisateur fidèle, c'est d'ailleurs ce qui fait le succès de Google. Ses algorithmes sont si puissants qu'ils proposent des résultats extrêmement pertinents en référencement naturel, les internautes sont séduits et il serait inenvisageable pour de nombreuses personnes aujourd'hui d'imaginer un monde sans un moteur de recherche comme Google. Celles et ceux qui ont connu Alta Vista ou Lycos dans les années 2000 se souviennent certainement des difficultés auxquelles on pouvait être confronté en effectuant une recherche sur l'un de ces moteurs. Aujourd'hui, Google est devenu une telle évidence qu'on en oublie parfois ses avantages, pourtant, c'est un outil qui nous accompagne au quotidien (YouTube, Google Maps, Google My Business, Google Earth, Google Drive, Gmail, etc.). S'il venait à disparaître, bon nombre d'entre nous se retrouveraient dans l'impasse.

Revenons rapidement sur la différence entre le SEO et le SEA. Les résultats naturels qui apparaissent en première position répondent généralement aux exigences des algorithmes des moteurs de recherche, leurs contenus sont donc, en principe, de qualité. Et plus le temps passe, plus cette qualité est exigée, nous le verrons dans la dernière partie de ce chapitre. Les résultats payants quant à eux ne proposent pas toujours la même qualité ni les réponses que l'on attend, car leur positionnement a été acheté. Ils apparaissent en début de page, mais ne « méritent » pas véritablement cette position. Attention tout de même, pour leur défense, certains sites d'excellente qualité ne réussissent pas à tirer leur épingle du jeu face à des sites puissants qui existent depuis de nombreuses années, conservent de belles positions et sont pratiquement indétrônables sur des requêtes très populaires. Pour eux, le SEA est donc une stratégie quasi-indispensable.

Optimiser ses contenus pour gagner du trafic organique

À son échelle, le rédacteur web peut avoir un impact conséquent sur le référencement d'un site. Le contenu écrit est extrêmement important pour les algorithmes, et ce, pour plusieurs raisons :

- les mots-clés sont, par définition, intégrés dans des textes ;
- le maillage interne se place sur des ancres (contenu textuel) ;
- le contenu est lu par les internautes, qui, par leur comportement lors de la navigation, vont permettre d'alimenter des métriques analysées par les robots des moteurs de recherche.

Sans connaissances, il est impossible de faire du référencement naturel et d'optimiser des textes. Cependant, on peut encore voir quelquefois des articles très bien placés malgré une optimisation du contenu écrit assez pauvre ; cela s'explique pour le moment par la prise en compte de la puissance du site (ancienneté, partages sur les réseaux, trafic mensuel, etc.). En d'autres termes, un site d'autorité qui reçoit par exemple 100 000 visites par jour aura beaucoup moins d'efforts à fournir dans la création de contenu qu'un site qui démarre, avec une centaine de visites quotidiennes. Certains abusent de cette position dominante et en profitent pour publier des textes de qualité médiocre. Nous pouvons imaginer que ces pratiques seront pénalisées un jour ou l'autre par de nouvelles mises à jour des algorithmes. L'objectif de Google est, rappelons-le, de proposer la meilleure expérience possible à ses utilisateurs.

Le SEO fait souvent débat et personne ne peut se vanter de détenir la vérité… car elle n'existe pas ! Le seul moyen de comprendre le SEO et de s'y adapter est de faire une veille régulière (voir section « Réaliser une veille SEO efficace » page 132). Aucune pratique n'est à graver dans le marbre, car des milliers de développeurs travaillent jour et nuit à l'amélioration de l'intelligence artificielle Google. Ce qui est vrai aujourd'hui ne le sera peut-être pas demain. Cependant, comprendre l'objectif et le modèle économique des moteurs de recherche est une excellente base pour prendre une direction saine et éviter le *black hat*.

Définition du SEO black hat

Le terme black hat en SEO désigne un ensemble de techniques destinées à tromper les moteurs de recherche afin d'obtenir de meilleurs résultats.

Voici quelques exemples de techniques black hat.

- Charger des pages de mots-clés non pertinents de façon répétitive sans prendre en compte l'expérience de l'utilisateur.
- Mettre en place des campagnes de backlinks payantes.
- Créer plusieurs domaines dans le seul but de construire des liens entre eux sans apporter de valeur.

- **Publier des avis négatifs sur le site d'un concurrent.**
- **Générer de faux commentaires automatiques…**

Les sites recourant à ce genre de pratiques sont susceptibles d'être repérés par les algorithmes et bannis des moteurs de recherche.

Le rédacteur web freelance peut être confronté à un client qui attend de lui qu'il fasse du black hat… cela arrive bien plus souvent qu'on ne le pense et n'a parfois rien à voir avec une mauvaise intention. Bon nombre de référenceurs (souvent autoproclamés) ne savent pas qu'ils utilisent des techniques black hat. Ils sont persuadés que leurs outils sont excellents et que leurs interventions permettront d'obtenir des résultats intéressants. C'est possible, jusqu'au jour où…

Pour être un bon rédacteur web SEO freelance, la meilleure chose à faire est de se former aux techniques white hat, c'est-à-dire de répondre simplement aux attentes des moteurs de recherche, en leur fournissant des informations pertinentes et du contenu bien balisé. Par balisage, il est entendu balisage HTML et plus précisément la maîtrise de balises `hn`.

Les balises hn

Les balises `hn` (pour *heading* en anglais) sont destinées à hiérarchiser la structure d'un contenu, elles encadrent les textes.

On parle de balises ouvrantes, `<h1>`, et fermantes, `</h1>`.

Voici deux exemples :

Texte sans balise :

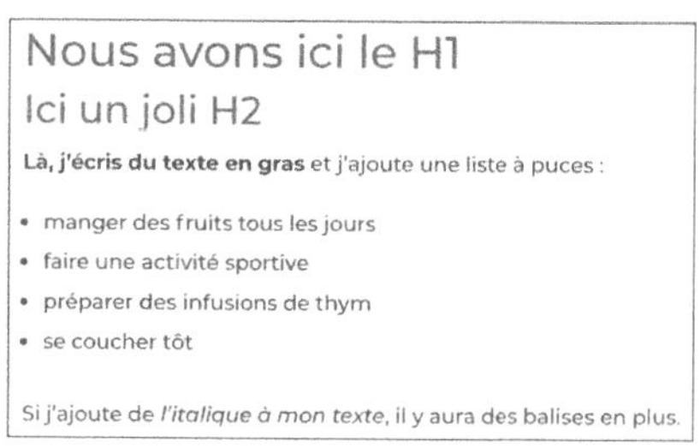
Nous avons ici le H1
Ici un joli H2
Là, j'écris du texte en gras et j'ajoute une liste à puces :
- manger des fruits tous les jours
- faire une activité sportive
- préparer des infusions de thym
- se coucher tôt

Si j'ajoute de *l'italique à mon texte*, il y aura des balises en plus.

Figure 6-5

Texte avec balises :

```
<h1>Nous avons ici le H1</h1>
<h2>Ici un joli H2</h2>
<strong>Là, j'écris du texte en gras</strong> et j'ajoute une liste à puces :
<ul>
	<li>manger des fruits tous les jours</li>
	<li>faire une activité sportive</li>
	<li>préparer des infusions de thym</li>
	<li>se coucher tôt</li>
</ul>
Si j'ajoute de <em>l'italique à mon texte</em>, il y aura des balises en plus.
```

Figure 6-6

La balise h1

Il s'agit du titre principal, celui qui apparaît en haut de l'article. La logique veut que l'on ne place qu'un seul **`h1`** par contenu. Le **`h1`** ne doit pas être confondu avec le **`title`**, titre qui apparaît en bleu dans les résultats de Google (et en violet une fois cliqué). Le **`title`** et le **`h1`** peuvent être identiques, mais mieux vaut travailler l'optimisation en utilisant la requête principale dans le **`title`** et une équivalence dans le **`h1`**.

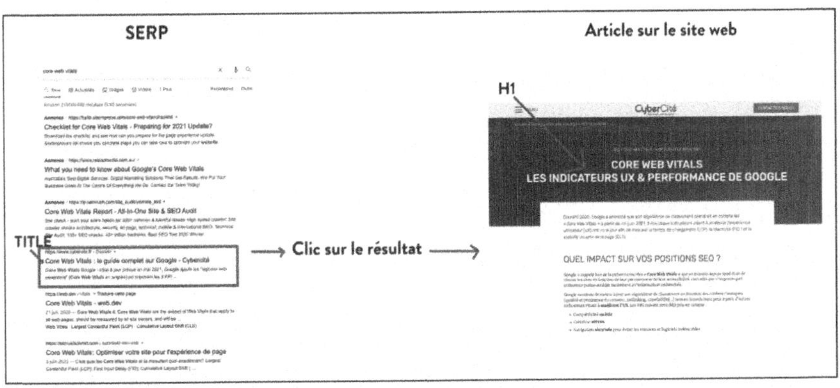

Figure 6-7

Exemple de balisage pour un **`h1`** :

```
<h1>Apprendre la rédaction web en 3 jours est impossible</
h1>
```

La balise h2

Les `h2` indiquent les sous-titres, ils sont très importants en SEO et doivent contenir des mots-clés qui permettent aux algorithmes de comprendre facilement la structure de l'article. Nous y reviendrons.

Exemple :

```
<h2>Maîtriser la rédaction web ne se fait pas du jour au
lendemain</h2>
```

Les balises h3, h4, h5 et h6

Les balises `h3`, `h4`, `h5` et `h6` permettent de diviser, structurer les paragraphes respectivement sous les `h2`, `h3`, `h4` et `h5` lorsqu'ils sont trop longs.

Exemples :

```
<h3>Comprendre les règles typographiques</h3>
<h4>Les éléments de ponctuation</h4>
<h5>Le point-virgule</h5>
<h6>L'espace insécable</h6>
```

Pratiques et problèmes que peuvent rencontrer les rédacteurs web SEO freelances

C'est incontestable, le SEO fait débat. Quand certains l'étudient et le pratiquent par passion, d'autres essaient (et souvent réussissent) à en faire un business lucratif peu scrupuleux. Le référencement naturel est complexe, il faut souvent des années de pratique et d'analyse pour se familiariser avec le jargon. On remarque ainsi que de plus en plus d'entreprises et agences voient le jour, affirmant maîtriser le SEO, alors que ce n'est pas le cas. L'impact sur les entreprises qui font appel à ce genre d'agence est bien sûr catastrophique… mais le rédacteur web SEO formé se retrouve lui aussi gêné, voire frustré, lorsqu'il est amené à travailler avec ce type d'agence. En effet, la plupart des entreprises engagent un référenceur ET un rédacteur web, mais parfois, le rédacteur web SEO en sait bien plus que le référenceur… pourtant, l'entreprise fait davantage confiance au référenceur ! Si ce dernier a de réelles compétences, alors, cela ne pose pas de problème, mais lorsqu'il s'agit d'un charlatan ou d'un incompétent, la situation peut vite s'envenimer.

D'un côté, il y a ceux qui ne jurent que par les volumes de recherche des requêtes clés et l'étude de la concurrence. Pour faire simple, leur théorie est que lorsqu'une requête clé présente un volume de recherche élevé et une concurrence faible, alors, elle doit être travaillée en priorité. Des outils en ligne sont utilisés pour analyser les données et en tirer des conclusions.

Voici un exemple totalement fictif.

- La requête « comment se reconvertir » a un volume de recherche de 40 000/mois, cela signifie que la requête est tapée 40 000 fois/mois dans la barre de recherche de Google, ce qui est élevé.
- « Il y a peu de concurrence sur cette requête » signifie que peu de pages se sont positionnées sur cette requête clé malgré le gros volume de recherche.

Dans ce genre de cas, travailler la requête clé « comment se reconvertir » peut avoir du sens puisqu'il y a une place à prendre (concurrence faible) et de nombreuses personnes intéressées par le sujet (gros volume de recherche).

Si les choses étaient si simples, cette méthode fonctionnerait à tous les coups et il suffirait d'utiliser un outil qui fournit ces données pour devenir un excellent référenceur.

La réalité est tout autre.

Cette méthode a tellement été utilisée ces dernières années qu'il ne reste aujourd'hui pratiquement plus de requêtes à fort volume de recherche et faible concurrence.

Par ailleurs, cela pose un problème plus global et éthique : travailler toujours les mêmes requêtes revient à nier la richesse de notre vocabulaire et ses nombreuses variantes. C'est ainsi que l'on se retrouve avec des dizaines de `title` ayant exactement la même requête clé dans les pages de résultats des moteurs de recherche, appauvrissant ainsi les SERP. Par effet ricochet, les internautes ont accès à de moins en moins de variété.

Enfin, on entend encore qu'il faut placer une multitude de requêtes clés dans des textes. Certains commanditaires allant jusqu'à demander de placer 20 fois une même requête dans un article sous peine de refuser l'article du rédacteur. Ces pratiques de bourrage de mots-clés sont vouées à disparaître, car elles appauvrissent le vocabulaire et l'expérience utilisateur. Elles ne sont plus recommandées depuis 2013, mais il semblerait qu'une sorte d'inertie réussisse, encore aujourd'hui, à influencer des milliers d'entrepreneurs. Cela peut s'expliquer notamment par la myriade d'outils présents sur le marché et vantant les mérites de techniques censées automatiser l'optimisation d'articles. Par ailleurs, les faux référenceurs mettent en avant ces techniques périmées puisqu'elles ne leur demandent que peu d'efforts à fournir (pas de veille à faire, pas de recherches personnalisées). Ils se contentent d'utiliser des outils.

➢ Rendez-vous à la section « Réaliser une veille SEO efficace » page 132 pour apprendre à faire une bonne veille SEO, en suivant les recommandations des référenceurs de renom.

Venons-en maintenant à la création concrète de contenus écrits optimisés pour le référencement naturel.

Le title, une base à travailler en priorité

Le `title` doit être considéré comme étant la base de tout l'article :

- il fournit l'idée principale ;
- il est mis en avant auprès des lecteurs et des algorithmes.

Rappel : le `title` est le titre qui apparaît dans la SERP. Il se doit d'être explicite tout en donnant envie de cliquer.

On dit souvent que la requête clé doit être placée au début, ce n'est pas une vérité en SEO, mais il est évident que le regard de l'internaute aura plus de chances de s'attarder sur un `title` qui comprend la requête clé au début qu'à la fin.

Voici un exemple :

Dans le cas où la requête principale est « apprendre le piano », mieux vaut proposer un titre comme « **Apprendre le piano** : X étapes clés » plutôt que « X étapes clés pour **apprendre le piano** ».

Par ailleurs, il est important de veiller à ne pas créer une longue traîne dans un `title` sans le vouloir.

Mais qu'est-ce que la longue traîne ?

La longue traîne

Les requêtes clés assez courtes (1, 2, 3 mots) et populaires sont généralement déjà extrêmement concurrencées. Si l'on reprend l'exemple de la requête « apprendre le piano », qui ne contient que 3 mots et est sans doute souvent tapée, on peut imaginer qu'il s'agit d'une requête courte traîne : elle a été travaillée par de nombreux sites et il est désormais quasiment impossible d'espérer atteindre le top 3 dans les pages de résultats de Google. La longue traîne, quant à elle, concerne toutes les requêtes plus longues, en rapport avec une requête principale, mais avec plus de détails.

Voici des exemples :

- **apprendre le piano** aux enfants ;
- **apprendre** le solfège en même temps que **le piano** ;
- **apprendre le piano** sans solfège ;
- **apprendre** à jouer du **piano** à la retraite.

Le graphique proposé par Allorank est assez parlant.

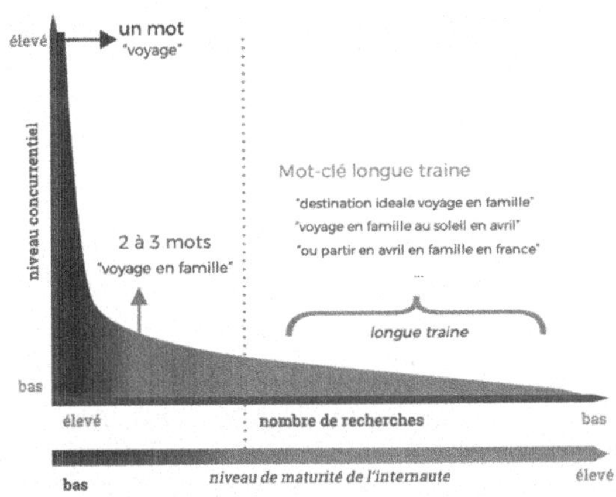

Figure 6-8. De manière générale, moins il y a de mots dans une requête clé, plus elle est concurrentielle, mais plus elle est longue, plus elle est spécifique et donc, répond à un besoin précis.

(*Source* : https://fr.allorank.com/blog/longue-et-courte-traine)

Attention, lorsqu'on choisit un `title`, il ne faut pas induire les algorithmes en erreur en laissant des mots-clés qui pourraient être pris en compte dans le positionnement.

Ainsi, si l'objectif du client est de ranker sur « apprendre le piano » et que le rédacteur choisit comme `title` « apprendre le piano sans solfège », alors, l'attente du commanditaire ne sera pas comblée (ce n'est pas ce qu'il avait demandé) et les algorithmes référenceront l'article en priorité sur la requête principale « apprendre le piano sans solfège » et non sur « apprendre le piano ».

Comment choisir un title ?

De nombreux clients fournissent les `titles`, mais il peut aussi arriver que le planning éditorial soit confié au rédacteur web SEO freelance.

La figure 6-9 présente les étapes pour définir un bon `title`.

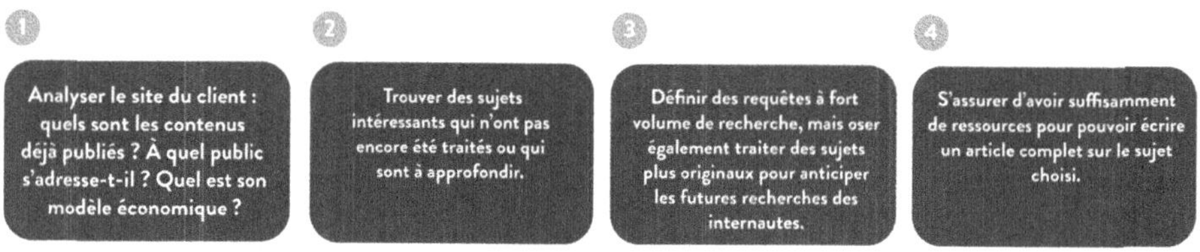

Figure 6-9

(*Source* : Lucie Rondelet – Formation Rédaction Web)

Rappel important

16 à 20 % des recherches quotidiennes n'ont jamais été tapées dans la barre de recherche de Google. Traiter uniquement des requêtes à fort volume de recherche revient à se priver du trafic longue traîne tout en alimentant le Web avec du contenu déjà vu, revu et recyclé. Le rédacteur web a l'opportunité d'alimenter la Toile avec des textes de qualité, qui apportent une réelle valeur aux internautes : n'ayons pas peur des titres à faible volume de recherche !

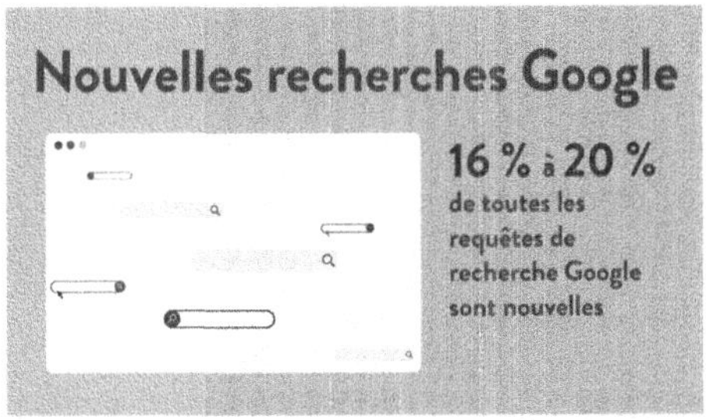

Figure 6-10. Chaque année, 16 à 20 % des requêtes tapées sur Google ne l'ont jamais été auparavant.
(*Source* : Internetlivestats.com)

Les outils recommandés pour la recherche de requêtes clés

- Les suggestions de Google (gratuit), disponibles directement sur la SERP.
- Keywords Everywhere (extension de Chrome ou Mozilla qui présente les recherches associées, tendances et volumes).
- Le cerveau, le vocabulaire et la culture générale du rédacteur web.

Attention

Les autres outils de type « générateurs de mots-clés » sont les meilleurs ennemis du rédacteur web. Certains clients préfèrent s'appuyer sur des robots plutôt que sur l'expertise du rédacteur web SEO. La conséquence est la suivante : les professionnels de l'écriture web se retrouvent à devoir placer des dizaines, parfois des centaines de mots-clés dans leurs textes, lesquels perdent toute leur essence, leur âme et ce qui les rendait uniques. Lorsque tout le monde utilise les mêmes outils, alors, tous les textes se ressemblent... c'est ainsi que le Web s'appauvrit.

Le rédacteur web SEO freelance est un artisan, il propose du contenu haut de gamme en prenant en compte tout l'écosystème de son client. C'est ce qui le différencie du rédacteur web exécutant, sans spécialité. Ces outils peuvent s'avérer pratiques ponctuellement, mais ne doivent en aucun cas diriger l'écriture du rédacteur et le rendre esclave d'un robot.

L'introduction

L'introduction est extrêmement importante, c'est elle qui accueille le lecteur. Elle doit donc donner envie de lire la suite… mais pas seulement. Il semblerait logique que les algorithmes de Google s'attardent sur l'introduction, tout comme le regard du lecteur.

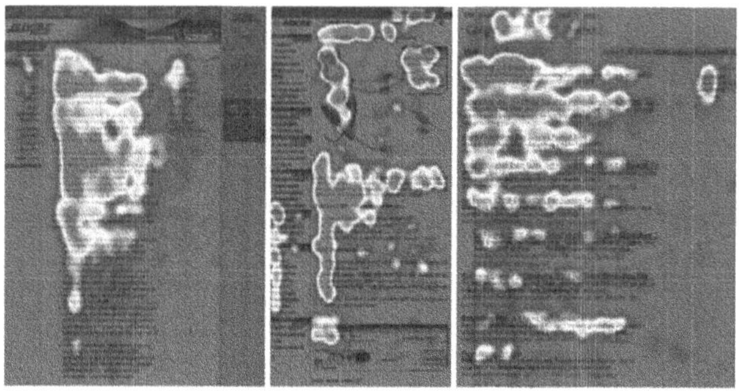

Eyetracking by Nielsen Norman Group nngroup.com NN/g

Figure 6-11. Les techniques d'eye-tracking ont permis de révéler que l'internaute et le mobinaute ont un système de lecture en F. (*Source* : nngroup.com)

Il n'est donc pas étonnant que les algorithmes soient sensibles :

- au `title` ;
- à l'introduction ;
- au premier paragraphe d'un article ;
- aux `h2`.

Placer la requête principale dans ces zones clés a du sens, aussi bien pour les algorithmes que pour les visiteurs. Si cela semble trop « lourd à la lecture », on se permet d'utiliser des équivalences (dans le premier paragraphe, par exemple).

L'introduction est parfois reprise automatiquement par les algorithmes pour constituer la `meta description` lorsque celle-ci n'a pas été précisée. Une raison supplémentaire de bien la travailler.

Enfin, mieux vaut éviter de placer des liens hypertextes dans une introduction (l'objectif est généralement d'inciter l'internaute à lire la page, pas à l'envoyer ailleurs !). On peut également intégrer des questions et des promesses de réponses.

Travailler les champs lexicaux et sémantiques

La notion de champ sémantique n'est pas tout à fait la même en SEO et en lexicologie. En principe, les définitions des champs lexicaux et sémantiques sont les suivantes.

- **Le champ lexical** est un groupe de mots se rapportant à une même idée.

  Exemple pour le champ lexical du chat :
  - félin ;
  - chaton ;
  - croquettes ;
  - souris ;
  - animal de compagnie ;
  - indépendant.
- **Le champ sémantique** est l'ensemble des sens disponibles de ce mot selon le contexte.

  Exemple pour le champ sémantique de la fraise :
  - le fruit ;
  - la fraise du dentiste ;
  - le col des notables sous Henri IV.

En référencement naturel, on entend souvent parler de « champ sémantique à développer ». En fait, on s'attarde sur le champ lexical d'une requête clé pour aider les algorithmes à saisir le contexte et répondre le mieux possible à l'intention de recherche de l'internaute.

Prenons l'exemple d'une personne qui cherche à acheter un bureau (local) pour héberger son entreprise. Si elle tape simplement « acheter un bureau à

Paris », le risque est qu'elle se voie proposer des bureaux (meubles) à vendre sur la SERP. C'est là que le champ sémantique intervient, car certaines pages auront naturellement travaillé le champ lexical du bureau, le meuble, tandis que d'autres auront travaillé celui du bureau, le bien immobilier.

- Pour le meuble de bureau : bureau, meuble, ordinateur, bois, métal, verre, taille, chaise de bureau, hauteur, confort…
- Pour le bureau d'entreprise : immobilier, local, entreprise, murs, surface, emplacement, ville, parking, frais de notaire, bail, lumière, sanitaires…

Nous avons donc le même mot à la base, mais deux contextes différents qui permettent aux algorithmes de référencer correctement les pages, et aux internautes de trouver leur bonheur.

En somme, ce qu'il faut retenir, c'est que travailler le champ sémantique revient à développer le champ lexical d'une requête principale de manière à faciliter son référencement.

Le corps de l'article

Pour Google et pour l'internaute, un contenu doit être bien balisé. Un bon balisage permet une meilleure indexation par les algorithmes de Google puisque cela revient à leur fournir des informations propres avec mise en avant des zones les plus importantes (`title`, `h1`, `h2`). Si l'on devait utiliser une image parlante, on peut dire que ne pas baliser un contenu web revient à fournir à Google une liasse de feuilles volantes sans pagination… et lui demander de les classer ! Lui envoyer du contenu propre, avec une structure cohérente, reviendrait en revanche à lui transmettre un classeur rempli de feuilles avec une belle mise en page et des intercalaires pour l'aider à trouver ce dont il a besoin.

Un contenu web est divisé en plusieurs parties et sous parties.

On dit qu'un paragraphe doit faire environ 300 mots, mais on ne remarque pas vraiment de pénalité au niveau SEO lorsque ce n'est pas respecté. Cependant, le confort de lecture de l'internaute passe par une mise en page aérée.

La structure idéale pour un article de blog est la suivante :

- `Title` **optimisé**
- `h1` **optimisé**
- **Introduction optimisée**
- `h2` **(minimum 2) optimisés**
- `h3` **(aucun, ou minimum 2)**
- **Conclusion**

Attardons-nous sur chaque partie.

Le `title` comprend la requête principale, il est idéalement copywrité (donne envie de cliquer). Attention, il doit être unique.

Le `h1` reprend l'idée du `title` (avec la requête principale ou une équivalence).

On ne place généralement qu'un seul `h1` par article.

L'introduction accueille la requête principale et des mots de son champ sémantique. Elle interpelle le lecteur, éveille sa curiosité et intègre une ou plusieurs promesses.

Les `h2` doivent être au minimum 2. L'un des `h2` doit reprendre la requête principale, les autres comprennent idéalement des mots de son champ sémantique pour optimiser le référencement. Lorsque le `title` est composé d'une question commençant par « comment », il est important d'y répondre clairement dès le premier paragraphe.

Les `h3` (jamais utilisés seuls) permettent de créer des sous-parties sous les `h2` et ne sont pas obligatoires.

La **conclusion** contient un call-to-action qui a du sens pour le client : lien vers l'un de ses produits, un autre article de son site (maillage interne), vers une page de vente, ses réseaux sociaux, etc.

Voici un exemple de structure optimisée :

`Title` : « Comment réussir son potager ? 5 astuces efficaces »

Introduction (qui reprend la requête principale et des mots du champ sémantique : terre, bêcher, arroser, carottes, poireaux, salade, saison, pluie, soleil, ramasser, jardin, fruits, légumes, graines, semis…)

Ici, on donne 5 astuces, donc 5 `h2` qui commenceront par des chiffres.

1. Vérifier l'état du sol avant de planter des semis.
   Le verbe du `h2` est à l'infinitif, toutes les astuces proposées seront à l'infinitif.
2. Choisir ses graines en fonction de l'environnement et du climat.
3. Prévoir suffisamment d'espace au moment de la plantation pour **réussir son potager**.
   On reprend la requête clé dans un `h2`, même si ce n'est pas très naturel, cela ne dérange pas l'expérience utilisateur.
4. Organiser son calendrier pour planter au bon moment et optimiser ses chances de réussite.
5. Arroser et pailler.

Les mots soulignés font partie du champ sémantique du potager et de la réussite.

Terminer par une conclusion dynamique, qui peut reprendre les idées principales.

Par exemple : vous venez de voir **comment réussir son potager** (on en profite pour remettre la requête principale), il ne vous reste maintenant plus qu'à…

On peut aussi renvoyer vers un article similaire afin de renforcer le maillage interne et donc, faire baisser le taux de rebond.

Les mots-clés dans le corps du texte

Travailler les champs lexicaux et sémantiques peut suffire pour optimiser les paragraphes. On place également quelques fois la requête principale de façon naturelle, des équivalences et des mots-clés longue traîne.

Un paragraphe complet et bien écrit qui répond précisément au sous-titre qui le précède sera naturellement optimisé.

Les liens externes informatifs

Placer des liens externes (liens hypertextes qui dirigent vers un autre site) peut être considéré par les algorithmes et les internautes comme une preuve de sérieux, de fiabilité (à condition que ces liens soient pertinents et enrichissants pour le visiteur).

- N'insérer que des liens pertinents, vers des sources faisant autorité.
- Choisir des ancres qui ont du sens.
- Ouvrir les pages dans un nouvel onglet ou une nouvelle fenêtre pour ne pas perdre l'internaute.

Balise HTML pour ouvrir un lien dans un nouvel onglet :

```
<a href="https://www.google.fr" target="_blank">Lien qui s'ouvre dans un nouvel onglet</a>
```

Les liens externes commerciaux

Les liens externes commerciaux pointent généralement vers :

- une page de vente ;
- une fiche produit ;
- une page de catégorie de site e-commerce ;
- un formulaire de paiement ;
- un site partenaire ;
- etc.

Il est commun d'intégrer le code « nofollow » à la balise `a href` lorsqu'on crée des liens commerciaux. Ce message indique aux algorithmes qu'ils ne doivent pas les suivre.

Attention, certains sites partenaires achètent des liens en dofollow pour obtenir des backlinks. Dans ce cas précis, le rédacteur laisse le lien commercial en dofollow (c'est automatique si l'on ne le précise pas).

La meta description

Certains clients attendent du rédacteur web qu'il rédige une `meta description`. Pour rappel, la `meta description` est le petit texte qui s'affiche dans la SERP, sous le `title` et l'URL du site ; elle compte de 140 à 160 caractères.

Figure 6-12. Extrait de la SERP sur la requête « formation rédaction web ». Focus sur la meta description.

(*Source* : Google)

Si elle n'est pas précisée, les algorithmes de Google choisiront automatiquement une partie du texte qui contient les mots recherchés par l'internaute, pour lui donner une idée du contenu.

La `meta description` doit donner envie de cliquer sur le lien de la page qu'elle décrit. On peut :

- résumer le contenu de la page pour inviter l'internaute à trouver les réponses à ses questions ;
- créer du suspense pour que l'internaute ait envie de connaître la suite et clique sur le lien ;
- rédiger un texte copywrité, vendeur, pour inciter au clic. Par exemple : « cliquez ici pour découvrir comment... ».

Ce qu'il faut retenir

Rédiger des contenus optimisés peut se faire de façon assez naturelle.

Le tout est de choisir une bonne structure et de suivre une certaine logique : les algorithmes veulent absolument fournir de la qualité aux internautes, ils privilégient de ce fait des contenus :

- bien construits (balisage HTML pertinent et clair) ;
- bien écrits ;

- agréables à lire ;
- aérés ;
- qui tiennent leurs promesses ;
- reliés à des sources fiables ;
- appréciés et partagés.

Anticiper les évolutions des algorithmes

Depuis sa création, Google ne cesse de mettre à jour ses algorithmes afin d'améliorer l'expérience de l'utilisateur. Ces mises à jour permettent de comprendre la direction prise par le géant du Web et ses intentions.

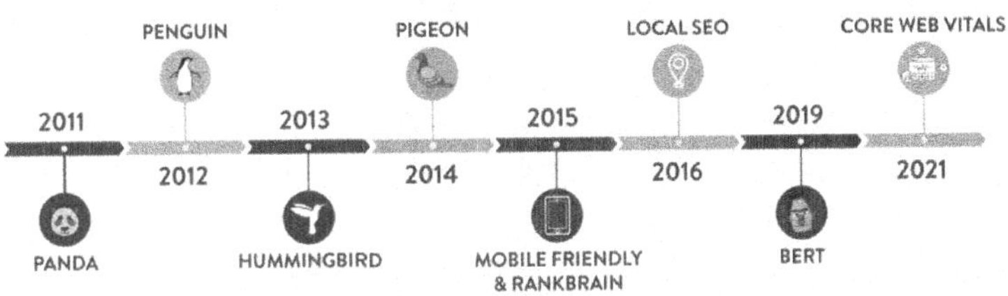

Figure 6-13. Fresque des mises à jour des algorithmes de Google les plus importantes depuis 2011

(*Source* : Lucie Rondelet – Formation Rédaction Web)

Si l'on prend en compte le fait que Google :

- vérifie désormais l'expertise, l'autorité et la confiance que l'on peut avoir dans les créateurs de contenu (concept EAT) ;
- propose une nouvelle version de son outil Google Analytics (qui se dirige de plus en plus vers l'étude du comportement et de la satisfaction des internautes) ;
- se penche principalement sur l'intention de recherche…

On comprend alors que son objectif reste le même : **développer une intelligence artificielle capable d'anticiper les besoins des internautes afin d'y répondre avec le plus de précision possible.**

La conclusion que l'on peut tirer de tout cela, c'est que proposer du contenu de bonne qualité, accessible, et avec une forte valeur ajoutée ne peut que fonctionner (à partir du moment où les autres critères techniques en SEO sont respectés).

Pourquoi tout le monde ne le fait pas ? Parce que la qualité a un coût !

Réaliser une veille SEO efficace

Pourquoi faire une veille ?

Le monde du Web évolue à une vitesse fulgurante et de manière permanente. Le SEO change aussi, au rythme des améliorations des algorithmes et des progrès de l'intelligence artificielle. Dans ces conditions, des techniques de référencement naturel peuvent rapidement se révéler obsolètes ou pire, black hat (c'est-à-dire considérées comme spammantes par les moteurs de recherche). C'est pourquoi tout bon rédacteur web SEO professionnel devrait se tenir informé de l'actualité des moteurs de recherche. Maîtriser les attentes de Google, connaître les bonnes pratiques et avoir toujours un temps d'avance sont ses armes secrètes, celles qui font que ses clients ne peuvent plus se passer de lui. Mais le rédacteur SEO doit appliquer une méthodologie bien rodée pour que sa veille n'empiète pas sur sa productivité et, bien sûr, s'appuyer sur des sources pertinentes. Ressources Internet, réseaux sociaux, etc., il a l'embarras du choix.

Les ressources à exploiter pour faire sa veille SEO

Les blogs (anglophones et francophones)

Les blogs dédiés au référencement naturel sont une mine précieuse d'information. La littérature Internet anglophone, tout d'abord, est à parcourir impérativement, car en plus d'être abondante, elle offre une vue sur les tendances SEO à l'étranger (notamment aux États-Unis). Les blogs de référence sont (entre autres) :

- Search Engine Land (https://searchengineland.com/) ;

- Search Engine Journal (https://www.searchenginejournal.com/) ;
- Search Engine Roundtable (https://www.seroundtable.com/) ;
- SEO by the Sea (https://www.seobythesea.com/) ;
- Ahrefsblog (https://ahrefs.com/blog/) ;
- le blog de Neil Patel, le créateur d'Ubersuggest, qui délivre des informations sur le SEO et le webmarketing (https://neilpatel.com/blog/) ;
- le blog de la firme Google (https://blog.google/).

Il existe aussi d'excellents blogs francophones, par exemple :

- Abondance, d'Olivier Andrieu, le pape français du SEO (https://www.abondance.com/) ;
- WebRankInfo, d'Olivier Duffez (https://www.webrankinfo.com/) ;
- Arobasenet, l'actualité du SEO et des réseaux (https://www.arobase-net.com/) ;
- OnCrawl (https://fr.oncrawl.com/blog-oncrawl/) ;
- SEO Quantum (https://www.seoquantum.com/billet) ;
- Secrets2moteurs qui reprend, à la manière de la curation, les dernières actus SEO (http://www.secrets2moteurs.com/).

Les moteurs mettent également de nombreuses ressources à disposition :

- Blog de Google Search Central (https://developers.google.com/search/blog?hl=fr) ;
- Blog de Bing pour les webmasters (https://blogs.bing.com/webmaster).

Les réseaux sociaux

En plus des blogs, faire une veille sur les réseaux sociaux peut s'avérer utile, en particulier sur Twitter, pour suivre les comptes officiels de Google et de ses porte-parole :

- John Mueller (@JohnMu), Martin Splitt (@g33konaut) et Gary Illyes (@methode) de Google Zurich ;
- Danny Sullivan (@Searchliaison) à Mountain View, le berceau de la firme américaine.

Les newsletters

Suivre les newsletters des sites dédiés au SEO, c'est s'assurer de ne pas passer à côté d'une actualité importante.

Les chaînes YouTube

Il existe aussi des chaînes YouTube spécialisées pour suivre l'actualité du SEO : citons Abondance, Google Search Central… et la chaîne YouTube de l'auteure (Lucie Rondelet).

Les alertes Google et Google Trends

Un service de Google permet de s'inscrire gratuitement à des alertes par e-mail (https://www.google.fr/alerts). Il suffit de définir un mot-clé et de choisir le rythme auquel recevoir les informations dans sa boîte e-mail. Il est possible de le faire pour tout d'ailleurs, que ce soit le SEO, sa thématique de prédilection en rédaction web ou pour suivre les requêtes clés de ses clients. Cela permet de découvrir de nouvelles sources de contenu, très ciblées, et d'être rapidement informé de l'actualité.

Google Trends (https://trends.google.fr), quant à lui, est très utile pour détecter les tendances de recherche et exploiter, le cas échéant, les données temporelles pertinentes et les « buzz ».

CHAPITRE 7

Écouter et comprendre le client

L'écoute et l'empathie sont des qualités bien plus importantes qu'on ne le pense pour entreprendre dans la rédaction web. L'entreprise ou le professionnel qui délègue la rédaction de ses contenus accorde une confiance sans faille au freelance qui l'accompagne ; il lui confie la voix de sa marque. Lorsque le rédacteur n'est pas un simple exécutant, mais un artisan, il se doit de prendre le temps de découvrir l'univers de son client, comprendre ses valeurs et les attentes de son public cible.

Avant même d'entamer une collaboration, il est nécessaire d'échanger avec le futur client, de l'écouter raconter son histoire et celle de son produit. Pourquoi a-t-il choisi de se lancer dans une telle activité ? Quels sont ses projets à court, moyen et long termes ? Quel public pense-t-il viser et quelle audience aimerait-il toucher en priorité ? Il faudra également lui demander quels sont les avantages de ses produits, leurs inconvénients aussi, afin d'anticiper les réactions des internautes.

Si une page À propos est attendue, le rédacteur devra également se pencher sur l'histoire de la marque et/ou du créateur, comme nous avons pu le voir avec l'exemple de Michel et Augustin.

Le rédacteur freelance va également travailler sur la communication avec son client, de manière à éviter les impairs. Pour cela, il sera nécessaire de savoir poser des limites quand il le faut (clients trop bavards et intrusifs, par exemple), mais également relancer ceux qui sont tellement occupés qu'ils en oublient de répondre. Un bon dosage sera l'allié d'une bonne relation avec le client. Il est inutile de relancer un client dans la semaine qui suit l'envoi d'une facture : enregistrer un nouveau RIB et effectuer un virement peut prendre quelques jours. En revanche, il ne faut pas se sentir gêné de relancer un client qui est un mauvais payeur récurrent, sans raison valable.

Le vocabulaire utilisé par le client

La première chose à savoir est que le vocabulaire utilisé par un professionnel (agence de stratégie digitale, par exemple) ne sera pas le même que celui utilisé par un entrepreneur qui ne connaît rien à la rédaction web.

L'agence digitale utilisera des mots de jargon :

- **Briefing :** pour ses consignes.
- **Cec ou Sec :** pour Caractères (ou signes) espaces compris. Pour une `meta description` par exemple, on parlera de 160 cec.
- **Chapô :** le chapô est un type d'introduction qui permet à la fois de résumer l'article et de donner envie de lire la suite. Il répond souvent aux questions Qui ? Quand ? Où ? Comment ? Pourquoi ?
- **Chute :** conclusion.
- **Corps :** texte principal, hors intro et conclusion.
- **CTA :** call-to-action, soit « appel à l'action ». Les CTA peuvent être utilisés un peu partout, mais semblent généralement plus naturels lorsqu'ils interviennent en fin d'article. Exemple : « Cliquez sur j'aime », « Partagez cet article », « Visitez tout de suite notre boutique », etc.

- **Deadline :** date et/ou heure avant laquelle vous devez livrer vos contenus (au plus tard).
- **Découpage :** structure de l'article.
  Exemple : `Title`/`h1`/Chapô/`h2`/paragraphe/`h2`/paragraphe/chute
- **Duplicate content :** le duplicate content est strictement interdit et consiste à recopier tout ou partie d'un texte déjà existant sur le Web.
- **Feuillet :** en principe, petit article de 250 mots.
- **Ligne éditoriale :** ton employé pour rédiger un contenu.
- **MC :** mot-clé.
- **MCP :** mot-clé principal.
- **MCS :** mot-clé secondaire.
- **Netlinking :** travail d'optimisation qui prend en compte les échanges de liens hypertextes (maillage interne et backlinking).
- **Ouverture :** souvent en fin d'article, petite phrase qui permet de rebondir sur autre chose.
- **Persona/avatar :** profil de la personne à laquelle le rédacteur s'adresse lorsqu'il rédige un contenu. Exemple d'avatar : « femme de 35 ans, maman de 2 enfants en bas âge, active, bohème, roule en C3 ».

Conseil

Votre client ne connaît pas bien le domaine de la rédaction web et du SEO ? Utilisez un vocabulaire simple, évitez le jargon et soyez pédagogue. N'hésitez pas à donner des exemples, à faire des comparaisons pour aider votre client à saisir le sens de vos actions.

Chapitre 8

Devenir indépendant : le grand saut

Voyons maintenant ce qu'il faut savoir avant de se lancer dans l'aventure.

Créer son entreprise : une obligation pour facturer ses clients

En France, sans structure juridique, il n'est pas permis d'encaisser des revenus. Mais au-delà de l'aspect strictement légal, cela peut aussi porter préjudice au rédacteur web. Sans entreprise, il manque de professionnalisme et de sérieux. Difficile alors de prospecter dans ces conditions.

Le freelance n'a donc pas le choix : il doit s'immatriculer pour vivre de son métier de rédacteur web SEO. Pour cela, il existe plusieurs options.

Les différentes structures en France

Avant de commencer, faisons un point rapide sur les structures juridiques. Elles sont de deux types.

- Les personnes physiques

  Il s'agit d'un individu à part entière, qui possède son propre statut juridique. C'est le cas notamment de :
  - la microentreprise (ou autoentreprise) ;
  - l'entreprise individuelle ;
  - l'EIRL (pour Entreprise individuelle à responsabilité limitée).
- Les personnes morales

  Il s'agit d'une entité juridique représentée par un ou plusieurs individus. C'est le cas par exemple de :
  - la SARL (pour Société à responsabilité limitée) ;
  - la SASU (pour Société par actions simplifiée unipersonnelle) ;
  - l'EURL (pour Entreprise unipersonnelle à responsabilité limitée).

La différence majeure entre ces deux entités, c'est la responsabilité du représentant légal dans le cas où la société serait en dette.

Le tableau 8-1 présente un comparatif des statuts juridiques qui permettent de travailler de façon indépendante en tant que rédacteur web SEO.

TABLEAU 8-1 COMPARATIF DES STATUTS JURIDIQUES

	Auto-entrepreneur	Entreprise Individuelle	EIRL	EURL	SASU
Cotisations sociales	Calculées sur le chiffre d'affaires	Calculées sur le bénéfice imposable	Calculées sur le bénéfice imposable, sauf si l'EI est soumise à l'IS (Impôt sur les sociétés)	Calculées sur le bénéfice imposable, sauf si l'EI est soumise à l'IS	Calculées sur le salaire versé

	Auto-entrepreneur	Entreprise Individuelle	EIRL	EURL	SASU
TVA (plafond 2021)	Franchise en base jusqu'à 34 400 € de CA	Franchise en base jusqu'à 34 400 € de CA	Franchise en base jusqu'à 34 400 € de CA	Franchise en base jusqu'à 34 400 € de CA	Franchise en base jusqu'à 34 400 € de CA
Plafond de CA	72 600 € (plafond 2021)	Aucun	Aucun	Aucun	Aucun
Fiscalité	Impôt sur le revenu (BNC)	Impôt sur le revenu (BNC)	Fiscalité simplifiée ou IS	Fiscalité simplifiée ou IS	IS
Documents comptables obligatoires	Livre-journal des recettes	Grand livre, livre-journal des recettes, inventaire et comptes annuels	Grand livre, livre-journal des recettes, inventaire et comptes annuels	Grand livre, livre-journal des recettes, inventaire et comptes annuels	Grand livre, livre-journal des recettes, inventaire et comptes annuels
Responsabilité	Engagée	Engagée	Limitée aux apports	Limitée aux apports	Limitée aux apports

En bref, voici ce qu'il faut retenir.

- **La microentreprise** (ou autoentreprise) est une entreprise individuelle simplifiée. Elle est soumise à moins d'obligations administratives et fiscales, mais doit respecter un seuil de 72 600 € concernant son chiffre d'affaires.
- **L'entreprise individuelle** fait également l'objet de démarches de création simplifiées, mais implique une comptabilité plutôt exigeante. En revanche, elle n'a aucune restriction en matière de chiffre d'affaires.
- **L'EIRL** est une entreprise individuelle dont la responsabilité du représentant est limitée uniquement au patrimoine dédié à l'activité professionnelle. Ce statut lui permet ainsi de protéger ses biens

personnels et sa famille. Sa création est plutôt complexe et mérite l'accompagnement d'un professionnel.

- **L'EURL** nécessite la constitution d'une société (c'est-à-dire une personne morale) et donc de suivre un certain nombre de démarches. Elle peut être intéressante fiscalement en matière de déduction de charges d'exploitation et d'investissement. Ce statut permet de limiter sa responsabilité et de protéger son patrimoine.
- **La SASU** est une SAS (Société par actions simplifiées) composée d'un actionnaire : son créateur. Sa fondation et sa comptabilité restent délicates, mais son véritable avantage réside dans le statut de son président, affilié au régime général de la Sécurité sociale.

S'agissant du rédacteur web, attardons-nous sur le statut le plus répandu, c'est-à-dire la microentreprise.

Le métier de rédacteur web nécessite peu d'investissement initial (hormis un ordinateur) et ne génère pas non plus de charges importantes. Il n'y a donc pas forcément d'intérêt à s'engager dans la création d'une entreprise individuelle, d'une EIRL ou d'une EURL.

À noter

Depuis le 1er janvier 2016, le terme de « microentreprise » remplace celui d'« autoentreprise ». Autoentrepreneur, microentrepreneur, microentreprise, autoentreprise… Tous ces termes désignent donc la même chose !

La microentreprise : statut privilégié des rédacteurs web freelances

Le plafonnement du chiffre d'affaires

En tant que microentreprise, le plafond du chiffre d'affaires est fixé à 72 600 € (plafond 2021) sur la vente de prestations de services, sur une année complète. Si le rédacteur web démarre son activité en fin d'année, son CA sera calculé au *prorata temporis*, ce qui veut dire que le montant du plafond sera proportionnel au temps pendant lequel il a exercé.

Exemple

Vous vous êtes immatriculé le 1er mars 2021. Entre le 1er mars et la fin de l'année civile, le 31 décembre, il y a 305 jours. Il vous suffit ensuite de multiplier ce chiffre par le plafond journalier de 198,90 € (72 600 € ÷ 365 jours = 198,90 €), ce qui donne un plafond de 60 664,50 € à ne pas franchir.

Si le chiffre d'affaires dépasse ce seuil, le microentrepreneur peut conserver le régime de la microentreprise. En revanche, si cela se produit pendant 2 années consécutives, il devra basculer sous le statut d'entreprise individuelle avec toutes les formalités et obligations que cela entraîne.

Les obligations du microentrepreneur

En tant que microentrepreneur, les obligations sont peu nombreuses et simplifiées. Il n'est pas nécessaire d'engager un comptable ou de produire des états financiers chaque année.

Facturer chaque client

Toute prestation doit faire l'objet d'une facturation. Il faut veiller à bien intégrer sur la facture les mentions obligatoires (numéro, date, identité des parties, etc.). En cas de contrôle par l'administration fiscale, chaque information manquante est sanctionnée par une amende de 15 € (par facture émise !). C'est donc un point particulier à surveiller.

Tenir un livre de recettes

Le livre-journal est le seul document comptable obligatoire demandé aux microentrepreneurs. Il récapitule l'ensemble des recettes (identité du client, montant de la prestation, mode de règlement, numérotation de la facture correspondante…).

Certains logiciels de comptabilité le créent automatiquement. Il est aussi possible d'opter pour une tenue sur papier. En revanche, il est interdit de se servir d'un tableur comme Excel : les données pouvant être modifiées ou supprimées, elles ne sont pas valides aux yeux de la loi.

Déclarer son chiffre d'affaires

Le microentrepreneur est tenu de déclarer son chiffre d'affaires à l'URSSAF (même s'il est égal à 0 €) tous les mois ou tous les trimestres. La périodicité est à déterminer au moment de l'immatriculation.

Avoir un compte bancaire dédié à son activité

Selon la législation, le microentrepreneur doit avoir un compte bancaire dédié à son activité dès le moment où son chiffre d'affaires annuel dépasse les 10 000 € pendant 2 années consécutives. Mais ouvrir un compte dès le démarrage de son activité est recommandé : il est plus facile de gérer sa trésorerie si celle-ci n'est pas mêlée aux comptes personnels.

Enfin, un dernier détail qui a toute son importance… Certaines banques insistent sur l'ouverture d'un compte bancaire professionnel. Or, la loi est très claire : un simple compte courant est suffisant, en plus d'être moins cher.

Les frais à prévoir

S'immatriculer en tant que microentrepreneur est une démarche totalement gratuite. Elle n'entraîne donc aucuns frais.

Mise en garde

Il est possible que vous receviez des courriers vous réclamant de l'argent suite à la création de votre entreprise. La plupart du temps, il s'agit d'arnaques ! Prenez donc bien soin de les lire, y compris les petits caractères en bas de page, avant d'envoyer un quelconque règlement. Et en cas de doute, renseignez-vous auprès d'un comptable, de la CPAM, de l'URSSAF ou encore du centre des impôts suivant le sujet.

Les charges sociales

À compter de sa date d'immatriculation, le microentrepreneur doit s'acquitter des charges sociales sur son chiffre d'affaires. Ces dernières regroupent :

- la cotisation d'assurance maladie-maternité ;
- la cotisation d'allocations familiales ;
- la cotisation invalidité-décès ;
- les cotisations de retraite de base et de retraite complémentaire ;
- la CSG et la CRDS.

Pour les activités libérales, les charges sociales représentent 22 % du CA. À cela vient s'ajouter la contribution à la formation professionnelle, de 0,10 %.

La déclaration du chiffre d'affaires ainsi que le paiement de ces cotisations s'effectuent tous les mois ou tous les trimestres, directement en ligne, sur le site Auto-entrepreneur de l'URSSAF (https://www.autoentrepreneur.urssaf.fr/).

En cas de chiffre d'affaires nul, il n'y a pas de charges sociales à payer en microentreprise. Cependant, même égal à 0, le CA doit être déclaré obligatoirement.

La première déclaration

Lorsque le rédacteur web s'immatricule en tant que microentrepreneur, il doit patienter pendant quelques mois avant de pouvoir déclarer son CA.

Le tableau 8-2 présente un récapitulatif de l'échéancier des déclarations à respecter.

TABLEAU 8-2 – ÉCHÉANCIER DES DÉCLARATIONS (JUIN 2021)

EN CAS DE DÉCLARATION MENSUELLE		
Date de début d'activité	**Première déclaration**	**Déclarer le CA réalisé jusqu'au...**
Du 1er au 31 janvier	Mois de mai	30 avril
Du 1er au 28 février	Mois de juin	31 mai
Du 1er au 31 mars	Mois de juillet	30 juin
Du 1er au 30 avril	Mois d'août	31 juillet
Du 1er au 31 mai	Mois de septembre	31 août
Du 1er au 30 juin	Mois d'octobre	30 septembre
Du 1er au 31 juillet	Mois de novembre	31 octobre
Du 1er au 31 août	Mois de décembre	30 novembre
Du 1er au 30 septembre	Mois de janvier de l'année suivante	31 décembre
Du 1er au 31 octobre	Mois de février de l'année suivante	31 janvier de l'année suivante
Du 1er au 30 novembre	Mois de mars de l'année suivante	28 février de l'année suivante
Du 1er au 31 décembre	Mois d'avril de l'année suivante	31 mars de l'année suivante
EN CAS DE DÉCLARATION TRIMESTRIELLE		
Date de début d'activité	**Première déclaration**	**Déclarer le CA réalisé jusqu'au...**
Du 1er janvier au 31 mars	Mois de juillet	30 juin
Du 1er avril au 30 juin	Mois d'octobre	30 septembre
Du 1er juillet au 30 septembre	Mois de janvier de l'année suivante	31 décembre
Du 1er octobre au 31 décembre	Mois d'avril de l'année suivante	31 mars de l'année suivante

Une hésitation entre déclaration mensuelle ou trimestrielle ? Il semblerait que la déclaration mensuelle soit plus simple à gérer au niveau de la trésorerie, notamment pour ceux qui perçoivent des indemnités par Pôle emploi… Mais chacun doit décider en fonction de sa propre situation.

La CFE

La Cotisation foncière des entreprises, ou CFE, est un impôt local dont le montant est fixé par la commune dans laquelle l'entrepreneur exerce son activité. Elle est calculée sur la valeur locative du bien immobilier soumis à la taxe foncière que l'entrepreneur a utilisé pour son activité professionnelle au cours de l'année N-2 (le lieu de son logement s'il travaille à domicile ou celui de son local d'activité).

Le montant de la CFE varie suivant le CA et la valeur locative du bien immobilier utilisé pour travailler. En 2020, elle s'élève au minimum à 223 €.

Il existe deux cas d'exonération de CFE :

- lors de l'année de création de l'entreprise ;
- si le CA ne dépasse pas 5 000 € sur une période de 12 mois.

L'avis CFE n'est pas envoyé par courrier : il se trouve dans l'espace « professionnel » du site impots.gouv. C'est aussi sur cette plate-forme en ligne qu'il faut la régler. Il est donc conseillé de créer rapidement son compte après avoir reçu son Siret.

L'impôt sur le revenu

Dès lors que des revenus professionnels sont perçus en France, il est obligatoire de les déclarer et de s'acquitter des impôts dus.

Le microentrepreneur est soumis à l'impôt sur le revenu (IR). Son CA annuel devra donc être déclaré comme « revenus non commerciaux professionnels » et il aura ainsi droit à un abattement de 34 %.

Il est également possible de choisir l'option du prélèvement forfaitaire libératoire. Cependant, ce n'est peut-être pas le plus intéressant du point de vue fiscal. En effet, même s'il permet de bénéficier d'un taux d'imposition beaucoup plus bas, il entraîne une imposition dès le premier euro de chiffre d'affaires. Il ne faut pas hésiter à demander conseil à un comptable ou à son centre des impôts pour être sûr de faire le bon choix.

Et le prélèvement à la source dans tout ça ?

Le prélèvement à la source est entré en vigueur le 1er janvier 2019 et touche aussi bien les salariés que les indépendants. La différence ? Le microentrepreneur règle son impôt sur le revenu sous forme d'acomptes mensuels ou trimestriels. Leur montant est basé sur sa déclaration de revenus de l'année précédente.

Pour éviter toute mauvaise surprise quand arrive le moment de la première déclaration de revenus en tant que rédacteur web SEO, mieux vaut demander à verser des acomptes anticipés dès le début d'activité.

La TVA

Jusqu'à un certain seuil de chiffre d'affaires (34 400 € en 2021), le microentrepreneur n'est pas redevable de la TVA. On dit qu'il bénéficie de la « franchise en base de TVA ». Il n'a donc pas l'obligation de la facturer, mais il ne peut pas non plus récupérer celle qu'il paye.

Pour être en règle, il suffit de faire apparaître la mention suivante sur les factures : « TVA non applicable – article 293 B du CGI ».

Et le jour où le microentrepreneur dépasse le seuil de 34 400 € de chiffre d'affaires… mieux vaut qu'il fasse appel à un expert-comptable pour être bien accompagné !

La mutuelle

Le rédacteur web en microentreprise dépend de la CPAM de son domicile pour le régime obligatoire (la Sécurité sociale). S'il n'a pas d'emploi salarié à côté et qu'il n'est pas couvert par une mutuelle d'entreprise, il est plus prudent de souscrire en plus à une mutuelle. Elle interviendra en complément du régime obligatoire pour rembourser la part des dépenses de santé qui restent à sa charge : le ticket modérateur (c'est-à-dire la différence entre la base de remboursement et la participation de la « sécu »), les soins non remboursés (médecines douces, par exemple), et les éventuels dépassements d'honoraires (hospitalisation, soins dentaires, optique...).

Le travail sur écran fatigue les yeux et nombreux sont les rédacteurs web équipés de lunettes. De même, être assis toute la journée et taper sur clavier peut provoquer des troubles musculo-squelettiques qui entraînent des frais de santé. Avoir une mutuelle est donc fortement recommandé.

Il existe sur le Web de nombreux comparateurs de mutuelles et d'assurances santé, mais il est possible également de se rapprocher de l'organisme qui s'occupe de son assurance habitation ou voiture. Les assureurs accordent parfois des tarifs avantageux en cas de regroupement de contrats.

La prévoyance

Afin de sécuriser son entreprise et son patrimoine, il est conseillé également de souscrire à une assurance GAV (Garantie des accidents de la vie). Ce type de produit couvre a minima la prise en charge des frais médicaux dans le cas d'un accident de la vie qui empêcherait de pouvoir exercer son activité normalement. Il est possible d'aller plus loin en souscrivant à une garantie qui assurera la préservation des revenus en cas d'arrêt de travail (longue maladie) ou d'invalidité (accident au niveau des membres supérieurs qui empêcherait de taper « normalement » sur clavier, par exemple).

Encore une fois, il est conseillé de contacter son assureur pour en parler et étudier les solutions proposées.

L'ARCP – Assurance responsabilité civile professionnelle

Terminons cette partie peu réjouissante sur les aléas de la vie avec l'assurance de type RC Pro.

Celle-ci couvre le rédacteur web dans le cadre de dommages qu'il pourrait provoquer à des tiers : tasse de café renversée sur le Mac d'un client dans ses locaux, effondrement du trafic d'un site suite à une mauvaise manipulation sur son CMS... L'assurance est alors là pour protéger le rédacteur web.

Les aides disponibles

Créer une entreprise, même une microentreprise, peut donner droit à des aides financières. Faisons un point rapide sur les dispositifs existants.

L'Aide à la création ou à la reprise d'une entreprise (Acre)

Il s'agit d'une aide qui permet de bénéficier d'une exonération de 50 % sur les charges sociales pendant un an. Ainsi, au lieu de verser 22 % de cotisations sociales sur son CA, le microentrepreneur n'en paye que 11 %.

Pour avoir droit à l'Acre, il faut respecter certaines conditions d'attribution (être demandeur d'emploi, avoir entre 18 et 25 ans révolus, percevoir le RSA…). La demande s'effectue en ligne et peut être envoyée en même temps que celle d'immatriculation, ou dans les 45 jours qui suivent.

À noter

L'Acre est valable exactement trois trimestres civils plus celui en cours au moment de votre immatriculation. Si vous pensez y être éligible, il est recommandé de créer votre entreprise en début de trimestre (janvier, avril, juillet ou octobre) afin de ne pas « perdre » d'argent.

L'Aide à la reprise ou à la création d'une entreprise (Arce)

L'Arce n'est disponible que pour les demandeurs d'emploi qui perçoivent l'Allocation d'aide au retour à l'emploi (ARE), autrement dit l'allocation chômage.

Avec cette aide, il est possible de recevoir ses droits au chômage sous forme d'un capital correspondant à 45 % du reliquat.

Le maintien de certaines allocations

L'Allocation d'aide au retour à l'emploi (ARE)

Les demandeurs d'emploi indemnisés ne sont pas obligés d'opter pour l'Arce. Il est tout à fait possible de maintenir le versement de l'allocation chômage chaque mois.

Pour rester en règle, il suffit de déclarer son CA à Pôle emploi. L'Assurance chômage calcule ensuite le montant du complément à verser, après déductions et abattement.

Le Revenu de solidarité active (RSA)

Les bénéficiaires du RSA continuent à le percevoir durant 3 mois après la date de création de leur microentreprise. Le CA doit être déclaré à la Caf, qui ajuste ensuite le montant du RSA.

La prime d'activité

La prime d'activité n'est pas réservée qu'aux salariés. Pour le microentrepreneur qui respecte les critères d'éligibilité (plafonds de revenus du foyer et composition familiale), il est également possible d'en bénéficier.

Le simulateur de la Caf permet à chacun de connaître son éligibilité au dispositif et le montant de la prime.

Les démarches administratives d'immatriculation

Pour la constitution d'une microentreprise, les procédures sont allégées. Pas de rédaction de statuts à prévoir, pas de parution légale, pas d'apport en capital ! Pour obtenir son numéro d'identification (Siret) gratuitement, il suffit de remplir un dossier de demande d'inscription auprès de l'URSSAF. Cela se passe sur le site autoentrepreneur.urssaf.fr, rubrique « Créer mon auto-entreprise ».

Pour information, le métier de rédacteur web relève des activités libérales non réglementées. À l'heure où ces lignes sont rédigées, le code APE à indiquer est le 5814Z, pour « Édition de revues et périodiques ». Il est important tout de même de vérifier que ce code est toujours d'actualité, dans la partie « Étape 1 » du formulaire en ligne.

Recevoir son Siret peut être long suivant le CFE (Centre de formalités des entreprises) dont dépend le rédacteur web. Il faut compter au moins 3 semaines de délai avant de recevoir le précieux courrier.

À noter

Sans immatriculation, il est impossible (et interdit) de facturer une prestation. Toutefois, **si vous avez déjà réalisé votre demande d'immatriculation et que vous êtes en attente de votre numéro Siret**, vous pouvez facturer. Dans ce cas, et uniquement dans ce cas, vous pouvez éditer une facture en apposant la mention « Siret en cours d'attribution ». Vous êtes ensuite tenu de communiquer aux clients votre numéro Siret dès sa réception.

Une question, un doute ?

De nombreux interlocuteurs sont là pour répondre à toutes les interrogations du rédacteur web freelance, à commencer par l'URSSAF, mais aussi le centre des impôts ou encore la CCI (Chambre de commerce et d'industrie).

Et à partir du moment où le chiffre d'affaires commence à être important et que les plafonds sont dépassés, faire appel à un comptable pour se faire conseiller en matière de fiscalité est la meilleure des décisions.

Questions/réponses autour des droits et devoirs du rédacteur web

Voici une série de questions/réponses avec des avocats spécialisés dans les métiers digitaux.

Entretien avec les Infolawyers (avril 2021)

Figure 8-1. Henri de la Motte Rouge et Jean-Philippe Touati, avocats spécialisés dans le digital. © Sylvain Munsch

La question juridique est primordiale lorsqu'on décide de devenir rédacteur web indépendant. Henri de la Motte Rouge et Jean-Philippe Touati, avocats spécialisés dans le domaine digital et créateurs du pack Sérénité juridique du rédacteur web, ont accepté de répondre aux questions que se posent les créateurs d'entreprise dans le domaine de la rédaction web.

Faut-il faire signer des CGV à son client ?

Infolawyers – Que ce soit en BtoB (entre professionnels) ou en BtoC (avec des consommateurs), il est indispensable d'avoir un contrat avec son client. Pareillement, votre client a besoin d'un contrat et cela augmentera la sécurité juridique de votre relation commerciale.

En général, les rédacteurs web travaillent avec des clients professionnels. Attention, dans ce cadre, tout ce que vous allez signer vous engage, car « le contrat fait la loi des parties ».

L'engagement peut prendre la forme d'un contrat « classique » entre vous et votre client, ou de CGV, qui vont regrouper toutes les informations sur lesquelles vous allez vous engager. Lorsque vous avez des CGV, elles constituent le socle de la négociation commerciale avec les clients professionnels.

En matière de rédaction web, il y a plusieurs enjeux importants à sécuriser dans les contrats.

Les trois enjeux principaux sont les suivants :

- La cession des droits sur le contenu que vous rédigez. Est-ce qu'elle est totale ou partielle ? Pour quel mode d'exploitation (Web uniquement ou le client peut-il les réutiliser pour écrire un recueil ou diffuser à la TV) ?
- La clause de réception/réserve. Combien d'allers-retours va pouvoir demander le client ? Comment limiter le nombre de demandes et faire face en cas de mauvaise foi ?
- Quelle est l'étendue de votre responsabilité ? Est-ce que vous garantissez le contenu écrit vis-à-vis de tiers, par exemple si ce contenu est dénigrant ou qu'il peut constituer une *fake news* (« fausse information ») ou porter atteinte à un concurrent ou à sa marque ? Avez-vous bien pensé à plafonner votre responsabilité ?

En règle générale, il est toujours préconisé de proposer votre propre contrat, car vous allez mieux maîtriser vos engagements et les sécuriser. Lorsqu'on se lance, avoir des contrats bien réalisés constitue également, au-delà de la sécurité, un facteur de crédibilité vis-à-vis de vos clients.

Il est recommandé de faire signer votre contrat directement ou par voie électronique. Précisons à cet égard que la signature électronique a la même valeur que la signature manuscrite. Pour un freelance, se doter d'un dispositif de signature électronique rapide et efficace, permet souvent d'accélérer la signature des contrats et donc l'efficacité commerciale, d'autant plus en matière de rédaction web où les parties travaillent quasiment exclusivement à distance et parfois dans des pays différents. C'est également pour répondre à ce besoin que nous avons cofondé, avec un ingénieur polytechnicien, la première solution française de signature électronique : vitalsign.fr.

Quelles mentions obligatoires doivent apparaître sur un devis, une facture ?

Infolawyers – À l'image des factures, il est important d'apporter un soin particulier à vos documents juridiques, car ils doivent respecter la réglementation et sont source de droits et de devoirs. Autant partir de documents sécurisants dès le début, autrement, votre activité se développe sur des fondations qui ne sont pas stables et il est toujours plus difficile de régulariser une situation a posteriori que de bien faire les choses dès le début.

Il y a près de 20 mentions obligatoires prévues par l'article L441-9 du Code de commerce parmi lesquelles doivent figurer notamment :

- vos informations professionnelles (dénomination sociale, numéro de Siren, adresse, numéro de TVA intracommunautaire, code NAF...) et celles de votre client ;
- les conditions de paiement et les pénalités ;
- concernant votre prestation, les conditions particulières devront être décrites soit directement dans votre contrat, soit dans un devis (mode de calcul du prix, acompte, délai d'exécution, description des livrables...) avec le prix HT/TTC et les mentions relatives à la TVA. Le devis renverra à vos CGV, qui pourront y être annexées.

S'agissant de la TVA, la plupart des rédacteurs web commencent sous le statut d'autoentrepreneur en franchise en base de TVA, c'est-à-dire qu'ils ne collectent pas la TVA. Ce statut très intéressant est possible jusqu'au seuil de 34 400 € de facturation par an. La franchise en base de TVA est aussi applicable si vous êtes en société, tant que votre chiffre d'affaires est en dessous du seuil. Si vous êtes en franchise en base de TVA, vous devrez facturer HT et indiquer dans votre facture la mention « TVA non applicable – art. 293 B du CGI ».

Il est important d'accorder une attention particulière à vos factures, car il existe des sanctions applicables. L'article L441-9 du Code de commerce prévoit que tout manquement à l'obligation de délivrer une facture conforme est passible d'une amende administrative pouvant aller jusqu'à 75 000 € pour une personne physique, et 375 000 € pour une personne morale.

Vous pouvez aussi être redevable d'une amende fiscale de 15 € par mention manquante ou inexacte pour chaque facture, plafonnée au quart de son montant.

S'agissant de votre devis, vous devez y indiquer les informations similaires en précisant la nature des livrables proposés ainsi que les modalités de votre prestation. Parfois, par souci de bien faire, on remarque que les débutants peuvent avoir tendance à « trop s'engager ». Ainsi, vous n'êtes pas obligé de prévoir un délai contractuel. Nous recommandons par ailleurs de toujours facturer un acompte à un nouveau client. C'est une manière de vérifier sa solvabilité et qu'il va respecter votre travail.

Quels sont mes droits en tant que rédacteur web et que puis-je céder ?

Infolawyers – Pour être protégé au titre de la propriété intellectuelle, votre contenu doit être original, c'est-à-dire nouveau et empreint de votre personnalité d'auteur. Ainsi, un manuel d'utilisation ou une recette de cuisine n'est pas une œuvre originale contrairement à un article racontant un voyage, votre expérience en tant que consommateur ou le storytelling d'une page « À propos ».

Dès lors que vous allez créer des contenus originaux, en tant qu'auteur, vous disposez de droits « patrimoniaux » qui peuvent être en tout ou partie cédés et de droits « moraux » qui ne sont pas cessibles.

Les droits patrimoniaux sont le droit de représenter l'œuvre, de la reproduire, de l'adapter et de la traduire.

Vous pouvez céder tout ou partie de vos droits sur un texte, définir les supports de diffusion (Internet, presse écrite papier...), leur destination (commerciale, non-commerciale, contenu sponsorisé...), le territoire d'exploitation (France, monde entier).

Dans votre contrat, vous pouvez exclure la cession des droits, prévoir une cession totale ou encore l'aménager dans la durée, les supports de diffusion autorisés, le territoire d'exploitation. Vous pouvez également encadrer dans quelle mesure le client peut revendre ou licencier votre texte, et également le caractère exclusif ou non exclusif de la cession. Ce dernier point est très important, car il vous permet éventuellement de revendre du contenu créé, même si avec les règles de duplicate content les clients sont évidemment demandeurs d'une cession exclusive.

Si la cession est limitée, par exemple à une diffusion sur le seul site web de votre client pouvant être consulté gratuitement pendant deux ans, et que votre client souhaite par la suite étendre les modalités d'exploitation (par exemple, le publier dans une revue payante ou augmenter la durée...), alors il devra en principe vous demander l'autorisation, que vous pourrez monnayer. À défaut, votre client sera en situation de contrefaçon. Sachez que la loi française est très protectrice des auteurs.

Est-ce que je cède mes droits d'auteur lorsque je vends un texte ?

Infolawyers – En principe, et sauf à être prévu contractuellement, vous ne cédez pas « par défaut » vos droits aux clients en cas de vente d'un texte.

Évidemment, le client commanditaire réclamera les droits nécessaires pour pouvoir exploiter le texte dès lors qu'il a payé pour sa réalisation. En effet, à défaut de cession, il ne peut utiliser ce texte.

Mais s'il est prévu dans les textes qu'une cession de droits ne peut être implicite, dans certains cas, les juges ont adopté une approche plus pragmatique lorsque les relations entre les parties sont de nature commerciale, en considérant que la facturation de la réalisation de l'œuvre et sa livraison emportent nécessairement la cession des droits nécessaires à son exploitation.

Il existe donc une véritable insécurité juridique, tant pour vous que pour votre client, lorsque la question de la cession des droits n'est pas réglée dans le contrat. C'est pourquoi il est vivement recommandé de régler cette question de façon transparente au moment de la vente via un contrat ou des CGV bien réalisées.

Le client peut-il signer de son nom sans jamais me mentionner ?

Infolawyers – En tant qu'auteur, vous avez un droit moral de respect de votre nom et de votre qualité d'auteur. Cela signifie que vous exigez d'être cité comme auteur sur toute publication, même si vous avez vendu l'article.

Vous pouvez cependant autoriser dans votre contrat à ne pas vous citer.

Par défaut, le client ne peut donc pas publier un article sans vous mentionner, sauf à ce que cela soit prévu dans votre devis ou vos CGV. En principe, c'est souvent le cas en matière de rédaction web.

Que faire en cas d'impayé ?

Infolawyers – En cas d'impayé, vous pouvez commencer par relancer votre client. À défaut de réponse, adressez un courrier de mise en demeure (LRAR et e-mail) et les pénalités de retard qui s'appliquent. Si votre client oppose toujours une résistance, il est recommandé de faire appel à un avocat.

En cas d'échec des tentatives de recouvrement amiable, vous avez la possibilité de faire une requête en injonction de payer. Si vous obtenez une ordonnance, elle devra être confiée à un huissier de justice.

Lorsque vous avez prévu une clause de réserve de propriété et que la totalité de votre prestation n'a pas été réglée, vous pouvez également engager la responsabilité de votre client ayant exploité les contenus sans encore être titulaire des droits et engager une action en contrefaçon. L'intérêt est qu'en matière de contrefaçon, vous disposez d'un levier de pression plus important avec des risques de sanction pour le client. Rappelons que la contrefaçon est un délit pénal. Ainsi, soulever ce moyen d'action est souvent un moyen d'obtenir une résolution rapide des litiges.

Que faire en cas de plagiat d'un de mes textes ?

Infolawyers – Le plagiat est un acte de contrefaçon réprimé, tant sur le plan civil que pénal, puisque la contrefaçon est un délit. En cas de plagiat d'un de vos textes, il vous faudra envoyer un courrier à la personne auteure de ce plagiat la mettant en demeure de retirer toute publication du texte plagié et pour obtenir réparation des dommages subis.

S'il s'avère que l'imitateur est un concurrent, la qualification de concurrence déloyale et parasitaire pourra également s'appliquer.

Ma responsabilité est-elle engagée une fois le texte mis en ligne ?

Infolawyers – Oui, et c'est un point important. En tant que professionnel, vous avez une garantie d'éviction sur le contenu que vous vendez à votre client. C'est-à-dire que vous lui garantissez une jouissance paisible et qu'il peut se retourner contre vous si ce que vous lui avez fourni cause un dommage à un tiers.

À noter que si votre responsabilité peut être engagée, celle-ci est limitée contractuellement vis-à-vis des clients professionnels avec des clauses adaptées aux risques de votre profession.

Vis-à-vis des clients professionnels, vous pouvez également plafonner le montant des dommages-intérêts aux sommes versées par le client.

Mais en cas de faute lourde (par exemple, vendre un article en réalité plagié), les clauses de limitation de responsabilité peuvent cependant être écartées par le juge.

Il reste possible également de demander à écarter expressément votre garantie d'éviction, c'est-à-dire que votre client ne pourra pas engager votre responsabilité en cas de problème. Il est préconisé de le faire si l'on vous demande d'écrire sur des sujets à risques (paramédical, comparatifs ou critiques de produits concurrents, articles polémiques...).

La check-list de la création de microentreprise

Cette check-list est destinée à aider dans ses démarches le rédacteur web qui s'apprête à créer sa microentreprise. Elle est issue de la formation en rédaction web de l'auteure.

La préparation

- Vérifier si le statut de microentrepreneur est le plus adapté à ma situation (notamment vis-à-vis de la protection de mon patrimoine personnel). Ne pas hésiter à prendre conseil auprès d'un expert-comptable.
- Si je suis salarié dans le privé et que je souhaite cumuler mon emploi et mon activité de rédacteur web : vérifier si une clause dans mon contrat de travail ne m'empêche pas de créer mon entreprise (clause de non-concurrence, par exemple).
- Si je suis fonctionnaire : faire ma demande de disponibilité, ma demande de cumul d'activité ou ma demande de rupture conventionnelle suivant ma situation.

L'immatriculation en ligne

- Compléter le formulaire de création d'entreprise sur le site https://www.autoentrepreneur.urssaf.fr.
- Opter pour le versement libératoire si c'est intéressant pour moi du point de vue fiscal. Ne pas hésiter à me rapprocher de mon centre des impôts pour en savoir plus sur le fonctionnement et les avantages du versement libératoire.
- Choisir entre la déclaration de chiffre d'affaires mensuelle ou trimestrielle.
- Télécharger une copie de ma pièce d'identité recto verso comportant la mention « certifié conforme », datée et signée.

- Faire la demande d'Acre (si je suis éligible à cette aide) dans les 45 jours qui suivent ma déclaration de début d'activité.

Les documents à recevoir

- Le récépissé du CFE (Centre de formalités des entreprises).
- Le certificat d'inscription au Répertoire des entreprises et des établissements (SIRENE) et le numéro Siret.
- La notification d'affiliation à la Sécurité sociale en tant que microentrepreneur.
- La lettre d'accueil du Service des impôts des entreprises (mémento fiscal + questionnaire).

Les dernières formalités

- Créer mon espace professionnel sur le site www.impots.gouv.fr.
- Créer mon compte sur le site www.autoentrepreneur.urssaf.fr.
- Ouvrir un compte bancaire dédié à mon activité si je le souhaite (recommandé, mais non obligatoire jusqu'à 10 000 € de CA par an durant 2 années consécutives).
- Souscrire une assurance responsabilité civile professionnelle si je le souhaite (recommandé, mais non obligatoire).
- Souscrire une complémentaire santé si je le souhaite (recommandé, mais non obligatoire).
- Souscrire une assurance prévoyance si je le souhaite (recommandé, mais non obligatoire).

CONCLUSION

Nous arrivons à la fin de ce guide. J'espère que cette lecture fut agréable et que votre soif d'apprendre est assouvie.

Comme vous avez pu le voir, le métier de rédacteur web SEO freelance évolue sans cesse et offre une multitude d'opportunités. Il vous appartient de les saisir !

Envie d'aller plus loin ? Rendez-vous sur https://formation-redaction-web.com. Le site héberge des centaines d'articles sur le sujet de la rédaction web, du SEO, de la vie de freelance et plus largement de la stratégie digitale. Vous trouverez aussi de nombreuses informations sur ma chaîne YouTube.

Des questions, suggestions, commentaires ?

Je vous réponds à cette adresse :

lucie.rondelet@formation-redaction-web.com.

Je vous remercie une nouvelle fois pour cette lecture et vous souhaite une très belle aventure rédactionnelle.

Lucie Rondelet

LEXIQUE

Vous trouverez dans ce chapitre des définitions du vocabulaire spécialisé et des termes techniques employés dans ce livre.

Autorépondeur : un autorépondeur est un logiciel qui permet d'envoyer automatiquement des e-mails aux personnes qui se sont inscrites sur une mailing list à l'occasion d'un abonnement à une newsletter, du téléchargement d'un e-book…

Backlink : un backlink est un lien entrant (ou lien externe). Il part d'une page A, extérieure au site, et mène vers une page B, propre au site. Il est difficile d'être bien positionné dans un moteur de recherche sans backlinks. Toutefois, ceux-ci doivent être de qualité (provenir de sites d'autorité et dans la même thématique) pour jouer un rôle favorable dans un processus de référencement naturel.

Balises HTML : une balise HTML est un élément de code informatique utilisé pour la création des pages web. Elle permet de structurer un texte et de le mettre en forme. Le rédacteur web SEO n'a pas besoin de toutes les connaître : balises `hn` (`h1`, `h2`, `h3`…), `<strong>` (gras), `<em>` (italique), `<a href>` (lien hypertexte) sont suffisantes.

CTA (call-to-action) : appel à l'action. Présent sur de nombreuses pages web, le CTA participe activement à la conversion du visiteur, qu'il s'agisse d'acheter, de s'abonner, de partager… Il doit comprendre un verbe d'action formulé à l'indicatif ou à l'impératif.

Copywriting : le copywriting désigne le fait d'écrire pour vendre. C'est de la rédaction publicitaire, qui s'appuie sur les mots pour convaincre le lecteur de passer à l'action (acheter, s'inscrire, s'abonner, partager, lire…).

Dropshipping : le dropshipping est une forme de e-commerce basée sur l'absence de stocks et de logistique à gérer. Le site marchand en dropshipping ne détient aucun stock et ne se charge pas de la logistique. C'est le fournisseur qui s'en occupe, moyennant une marge sur l'achat des produits.

Eye-tracking : « oculométrie » en français. C'est l'étude du comportement du consommateur devant un produit ou de l'internaute face à une page web, à travers l'analyse du mouvement de ses yeux. Elle permet de déterminer les points de fixation du regard et de créer des cartes de chaleur.

Google Analytics : il s'agit d'un outil d'analyse de l'audience et de suivi des indicateurs clés d'un site web, mis gratuitement à la disposition des éditeurs de site par Google. Une nouvelle version, Google Analytics 4, est déployée depuis fin 2020 et succédera, à terme, à Universal Analytics, la version en place depuis 2013. Centré sur les utilisateurs et les événements et non plus sur les sessions, l'outil traduit mieux les comportements des internautes que la version précédente.

Inbound marketing ou marketing entrant : consiste à attirer les visiteurs sur un site web grâce à des contenus pertinents et de qualité, puis à les diriger vers l'offre ou le produit qui correspond à leur profil.

Ligne de flottaison : ligne horizontale virtuelle de page web en dessous de laquelle le contenu n'est pas visible. Les phrases situées avant la ligne de flottaison doivent être suffisamment percutantes pour susciter l'intérêt de l'internaute et lui donner envie de continuer sa lecture, donc de faire défiler la page.

Longue traîne : requête composée d'un mot-clé générique et de termes plus spécifiques. Le concept de longue traîne en SEO vient d'un constat :

80 % des visites proviennent de recherches très précises, tandis que seulement 20 % sont issues des mots-clés génériques.

Meta description : petit texte qui apparaît sous le `title` dans la SERP. Elle doit décrire la page tout étant copywritée pour donner envie à l'internaute de cliquer. La `meta description` n'est pas un critère de pertinence pour le classement des pages dans la SERP, mais elle joue sur le taux de clic. Elle est donc très importante.

Persona : notion désignant le client idéal d'une marque (il peut y en avoir plusieurs). On parle aussi d'avatar client. Connaître le persona de son client est essentiel : pour rendre ses textes percutants, le rédacteur web doit savoir à qui il s'adresse.

Ranker : désigne le fait de se positionner sur un mot-clé ou une requête clé dans un moteur de recherche.

Scroller : action de faire défiler le contenu d'une page web verticalement : avec son doigt pour les écrans tactiles, la souris ou l'ascenseur pour les écrans non tactiles.

SEA : sigle de *Search Engine Advertising*. Le SEA désigne les liens sponsorisés visibles dans la SERP, précédés d'une mention « Annonce ». On parle à tort de référencement payant : il s'agit en fait d'achat, par des annonceurs, d'encarts publicitaires. Il n'y a aucun mécanisme de référencement dans le SEA, à l'inverse du SEO.

SEO : sigle de *Search Engine Optimization*, ou « optimisation pour moteur de recherche » en français. Le SEO désigne l'ensemble des techniques visant à permettre à un site web de bien se positionner dans la page de résultats d'un moteur de recherche sur une requête donnée.

SERP : acronyme de *Search Engine Result Page* qui signifie, en français, « page de résultats de moteur de recherche ». C'est la page web que génère un moteur de recherche lorsqu'un internaute saisit une requête.

Storytelling : procédé marketing qui consiste à utiliser un schéma narratif proche du conte pour raconter l'histoire d'une marque à des fins de communication publicitaire et de renforcement du personal branding.

Title : le titre SEO d'une page web. Il apparaît dans la SERP (c'est le lien bleu), mais aussi dans l'onglet du navigateur web une fois cliqué. C'est un critère de pertinence pour le classement des sites. Il doit être optimisé, avec la requête principale au début idéalement, et ne doit pas contenir une autre requête qui pourrait lui faire concurrence.

COURTE BIBLIOGRAPHIE

Handley A., *Le guide des écrits web percutants*, Vuibert, 2021.

Guéry L., *Dictionnaire des règles typographiques*, EdiSens, 2019.

Fayet M., *Rédiger sans complexes – Surmonter la peur de la page blanche pour mieux transmettre votre pensée, améliorer votre style et contrôler la qualité de vos écrits*, éditions Eyrolles, 2014.

Collectif, *Lexique des règles typographique en usage à l'Imprimerie nationale*, 2002.

WEBOGRAPHIE

Orbit Media, Internet Live Stats, Hootsuite et GS StatCounter – Quatre sites pour suivre les statistiques relatives à l'évolution du Web en temps réel et les conclusions annuelles desquelles découlent les bonnes pratiques.

- https://www.orbitmedia.com/
- https://www.internetlivestats.com/
- https://gs.statcounter.com/
- https://www.hootsuite.com/fr/

Formation Rédaction Web – Le site de l'auteure, pour suivre l'actualité de l'écriture digitale et du webmarketing.

- https://formation-redaction-web.com

Webrankinfo d'Olivier Duffez et Abondance d'Olivier Andrieu – Deux références incontournables du SEO en France. À suivre au quotidien pour une bonne veille SEO.

- https://www.webrankinfo.com/
- https://www.abondance.com/

La World Wide Web Foundation ou Web Foundation est une organisation à but non lucratif créée par Tim Berners Lee en 2009 pour promouvoir un Web ouvert. Le discours présent dans l'introduction de ce livre provient du site Webfoundation.org.

- https://webfoundation.org/2019/03/web-birthday-30/

Le CERN, l'Organisation européenne pour la recherche nucléaire, est l'un des plus grands et des plus prestigieux laboratoires scientifiques du monde. On peut y lire l'histoire de la naissance d'Internet.

- https://home.cern/fr/science/computing/birth-web/short-history-web

L'histoire de Google racontée par Google.

- https://about.google/our-story/

Le Projet Voltaire et le Bescherelle, deux sites pratiques et ludiques pour améliorer son orthographe. Des applications (payantes) sont proposées.

- https://www.projet-voltaire.fr/
- https://bescherelle.com/

Impots.gouv, la source des sources pour créer son entreprise en France métropolitaine.

- https://www.impots.gouv.fr/portail/professionnel/creer-mon-entreprise

Infolawyers, le site de Henri de la Motte Rouge et Jean-Philippe Touati, avocats spécialisés dans le digital.

- https://www.infolawyers.fr/

Trello et Notion, des outils pratiques et gratuits pour organiser son travail en ligne.

- https://trello.com/fr
- https://www.notion.so

INDEX